Nikolaus Nützel

7 Wege
reich zu werden
7 Wege
arm zu werden

Nikolaus Nützel

7 WEGE
REICH ZU WERDEN
7 WEGE
ARM ZU WERDEN

Das etwas andere Buch über Wirtschaft

Mit Bildern von Flix

Dabei ist zu berücksichtigen, dass wichtige makroökonomische Größen wie Wechselkurse, Rohstoffpreise, Aktienkurse und andere Vermögenspreise in den letzten Monaten eine außerordentlich hohe Volatilität und teilweise erratische Verläufe aufwiesen. Hierin spiegelt sich das Zusammenwirken und Überlagern gravierender makroökonomischer Schocks wider.

Aus dem Jahresgutachten 2008/09 des Sachverständigenrats zur Begutachtung der gesamtwirtschaftlichen Entwicklung

Wie bitte?

zugten ist g...
Riskante Anleg...
all Hubschrauber und Flugzeug...

Aktive und risikobereite Anleger sehen offenbar mehr Chancen als Risiken in den aktuellen Marktbewegungen. Ihre bevorzugten Produkte sind Turbo-Optionsscheine, Waves oder Mini Futures. Bei Standard-Optionsscheinen verringerte sich hingegen das Handelsvolumen von Januar auf Februar. Besonders Knock-Out-Produkte profitieren also vom aktuell sehr volatilen Marktumfeld.

Aus der Financial Times Deutschland, 03.04.2009

Wie bitte??

Keine Sorge!

Es gibt zwar viele Leute, die immer wieder erzählen, alles, was mit Geld zu tun hat, sei eine Geheimwissenschaft. Diese Wissenschaft hat auch einen geheimnisvollen Namen: *Ökonomie.* Doch wer seinen Kopf einschaltet, kann so manches Geheimnis der Ökonomen lüften. Das ist die gute Nachricht.

Die schlechte Nachricht: Mit ihrer Grundbehauptung haben die Ökonomen leider recht. Wir leben in einer Welt *knapper Güter.* Will heißen: Es gibt kein Schlaraffenland. Es steht nicht alles für alle unbegrenzt zur Verfügung. Es wachsen weder Brot noch Kuchen auf Bäumen und auch keine Handys. Und: Die knappen Güter müssen verteilt werden. Es geht also jeden Tag aufs Neue um die Frage, wie der Kuchen gebacken wird. Und wie er aufgeteilt wird. Und noch eine schlechte Nachricht: Aus dem Spiel mit dem Namen »Knappe-Güter-Verteilen« kann sich niemand ausklinken. Wer sich nicht darum kümmert, welchen Platz im Wirtschafts- und Arbeitsleben er ergattert, bekommt einen zugewiesen. Das ist oft nicht gerade der beste Platz.

Ein paar Hinweise dazu, wie der Kuchen gebacken und verteilt wird, gibt es auf den nächsten Seiten. Und vielleicht auch ein paar Ideen, was jeder selbst tun kann, damit beim Backen und Verteilen nicht endgültig der Wahnsinn ausbricht.

Und noch etwas: Das Thema Geld wird oft ausschließlich mit (meist eher trockenen) Worten erklärt. Dieses Buch will das etwas anders machen. Es enthält einige nie da gewesene Erklärungen zur Wirtschaft in Bildform. Die stehen unter dem Motto:

Statt eines Inhaltsverzeichnisses – Erster Anlauf:

Sieben Wege, reich zu werden:

Kapitel	Ein Beispiel	Geschätztes Vermögen in Euro	Weitere Informationen
1 Modell »Aldi«	Karl Albrecht (besitzt mit seinem Bruder Theo die Ladenkette Aldi)	17 300 000 000	S. 15
2 Modell »Fabrikant«	Susanne Klatten (Großaktionärin u. a. bei BMW, Altana)	8 200 000 000	S. 26
3 Modell »Monopolist«	Bill Gates (Gründer von Microsoft)	38 900 000 000	S. 40
4 Modell »Ölscheich«	Scheich Khalifa bin Zayed el Nahyan (Staatsoberhaupt Vereinigte Arabische Emirate)	17 900 000 000	S. 48
5 Modell »Chef«	Wendelin Wiedeking (früherer Chef von Porsche)	60 000 000 bis 80 000 000 (geschätztes Jahreseinkommen – in seinen bislang besten Jahren)	S. 57
6 Modell »Star«	Beyoncé Knowles (Sängerin)	62 400 000 (geschätztes Jahreseinkommen – in ihrer bislang besten Zeit)	S. 65
	Michael Ballack (Fußballer)	20 000 000 (geschätztes Jahreseinkommen – in seinen bislang besten Jahren)	
7 Modell »Spekulant«	John Paulson (Fonds-Manager)	8 800 000 000	S. 78

Sieben Wege, arm zu werden:

Sieben Wege, wie es auch anders gehen könnte:

Statt eines Inhaltsverzeichnisses – Zweiter Anlauf:

Einige Fragen, die man ja mal stellen darf – und in welchem Kapitel sich Antworten finden:

Wie man Milliardär wird: Modell »Aldi«

Oder: Von unsichtbaren Händen und unheimlichen Händlern

Vom Mann, der im Jahr 2010 als der mit Abstand reichste Deutsche galt, gibt es kein brauchbares aktuelles Foto. Karl Albrecht hat es nie gemocht, dass über ihn geredet oder geschrieben wurde. Vom Fotografieren ganz zu schweigen. Das Gleiche gilt für seinen Bruder Theo. Um einiges bekannter als die Gebrüder Albrecht ist das Unternehmen, mit dem sie reich geworden sind: Aldi kennt in Deutschland jeder. Auch wenn keineswegs jeder weiß, dass der Firmenname eine Abkürzung ist. Als 1962 in Dortmund der erste »Albrecht Discount« eröffnet wurde, war der Familienname von Karl und Theo noch gut erkennbar. In der Kurzform Aldi weniger.

Die Brüder haben ihre Geschäfte zwar getrennt in Aldi Süd, bei dem Karl Albrecht die Kontrolle bekommen hat, und Aldi Nord, wo Theo Albrecht die Verantwortung übernommen hat – doch Aldi blieb im Großen und Ganzen Aldi, auch wenn das »A« auf den Einkaufstaschen in Norddeutschland auf blauem

Hintergrund steht und in Süddeutschland auf orange-gelbem Grund.

Aber nicht nur in Deutschland gehört Aldi zum Alltag von Millionen von Menschen, die dort Milch, Mehl oder Margarine kaufen. Auch in vielen anderen Ländern Europas können immer mehr Konsumenten mit diesem Namen etwas anfangen, ebenso wie in den USA und Australien. In Österreich läuft die Kette zwar unter dem Namen »Hofer«, doch auch dort wissen die Kunden, mit wem sie es zu tun haben. Die Geschichte von Aldi ist also zweifellos eine Erfolgsgeschichte. Zumindest für die Familie Albrecht. Doch dazu später noch etwas mehr.

Und wie es aussieht, kann man von Karl Albrecht und seinem Bruder Theo, der fast ebenso reich ist, lernen, wie einfach Wirtschaft manchmal funktioniert: Billig einkaufen, ein bisschen teurer verkaufen – und *schwupps* ist man Milliardär. Multimilliardär, um genau zu sein. Die amerikanische Zeitschrift »Forbes« schätzte das Vermögen von Karl Albrecht im Jahr 2010 auf rund 17,3 Milliarden Euro (in Ziffern: 17 300 000 000), Theo Albrecht kam nach dieser Schätzung auf 12,3 Milliarden (in Ziffern: 12 300 000 000).

Solche Summen kann sich selbstverständlich kein Mensch vorstellen. Aber man kann sich Teile dieses Reichtums mit eigenen Augen anschauen. Denn das Vermögen der Albrechts liegt zum größten Teil nicht auf irgendwelchen Bankkonten, sondern es steckt vor allem in rund 8000 Aldi-Läden, die der Familie Albrecht gehören. Und man kann sich auch mit eigenen Augen ansehen, wie die Albrechts jede Sekunde reicher werden. Man muss sich nur neben eine Kasse stellen.

Viele einzelne Cents ergeben Millionen Euro

Nehmen wir an, ein Kunde in Berlin, Köln oder München kauft in einer Aldi-Filiale eine Tiefkühlpizza für 1,79 Euro, Bananen für 1,39 Euro, Kaffee für 2,99 Euro, zwei Tafeln Schokolade für jeweils 39 Cent, zwei Liter Milch für jeweils 49 Cent. Dazu vielleicht noch einen Fahrradhelm, der als »Aktionsware« nur für ein paar Tage im Angebot ist. Der kostet 5,99 Euro. Auf dem Kassenzettel stehen also unterm Strich 13,92 Euro. Das ist sicher.

Nicht so sicher ist, wie viel die Aldi-Handelsgruppe an die Leute zahlt, von denen sie Bananen, Kaffee oder auch Fahrradhelme einkauft. Ebenfalls nicht sicher ist, wie teuer die Räume sind, in denen die Aldi-Produkte herumliegen, was die Beleuchtung kostet und so weiter. Denn über solche Dinge verrät Aldi nichts. Aber es gibt Schätzungen. Fachleute nehmen an, dass die Aldi-Besitzer von jedem Euro 96 bis 97 Cent für ihre eigenen Einkäufe, für Gehälter der Kassiererinnen und so weiter ausgeben müssen. Das heißt: Von jedem Euro Umsatz, der in die Kasse kommt, bleiben rund 3 bis 4 Cent als Gewinn übrig. Bei dem oben erwähnten Kassenzettel von 13,92 Euro wären das also rund 40 bis 50 Cent.

Das klingt nicht nach besonders viel Geld. Aber wenn man bedenkt, dass Millionen Menschen jeden Tag bei Aldi einkaufen, was allein in Deutschland für einen Umsatz von jährlich schätzungsweise 27 Milliarden Euro sorgt, dann wird schnell klar: Die Masse macht's. Und diese Masse bringt den Aldi-Eigentümern einige hundert Millionen Euro, die jedes Jahr als Gewinn bei ihnen hängen bleiben.

Alles billig, alles gut?

Wie es aussieht, gibt es in der Aldi-Geschichte nur Gewinner: Die
Familie Albrecht – denn sie ist steinreich geworden. Die Menschen, die bei Aldi einkaufen – denn sie können für eine Handvoll
Euro einen ganzen Einkaufswagen füllen. Und sogar die Beschäftigten von Aldi stehen gar nicht übel da. Die Männer und Frauen,
die an den Kassen sitzen, brauchen für ihren Job keine besonders
umfangreiche Ausbildung – verglichen mit dem, was solche sogenannten »niedrig qualifizierten« Arbeitsplätze anderswo bringen, verdienen Aldi-Beschäftigte nicht schlecht. Zwischen acht
und zehn Euro in der Stunde als Nettolohn (also nach Abzug von
Renten- und Krankenversicherung und so weiter) sind üblich.
Wobei auch dazu Aldi nichts Offizielles sagt. Eines aber ist sicher:
Es gibt Jobs in Deutschland, die nicht einmal halb so viel bringen
wie ein solcher Kassen-Job (siehe auch Kapitel 11).

Jede einzelne Aldi-Filiale könnte also ein Beispiel dafür sein,
dass der wohl berühmteste Wirtschaftswissenschaftler aller Zeiten recht hatte: Adam Smith.

Der Großvater der modernen Wirtschaftstheorie: Adam Smith

Adam Smith gilt als der Begründer der modernen Wirtschaftswissenschaft. Er lebte von 1723 bis 1790 in Großbritannien; doch obwohl er mehr als 200 Jahre tot ist, glauben viele, er habe einige Grundwahrheiten erkannt, die heute noch genauso gelten wie vor zwei Jahrhunderten. Von der Ausbildung her war Smith Philosoph, dieses Fach studierte er an der Universität Oxford. Später wurde er Professor für Moralphilosophie in der schottischen Stadt Glasgow. Sein Buch mit dem Titel »Wohlstand der Nationen« wurde eine Art Bibel für die Anhänger der Freien Marktwirtschaft. Ein Kernbegriff, den Smith prägte, ist »*the invisible hand*«, auf Deutsch: *die unsichtbare Hand*. Damit beschrieb Smith seine Überzeugung, dass in einem Land Wohlstand für die meisten entsteht, auch wenn jeder Einzelne erst einmal nur an sein eigenes Interesse denkt: *»Er wird in diesem wie auch in vielen anderen Fällen von einer unsichtbaren Hand geleitet, um einen Zweck zu fördern, den zu erfüllen er in keiner Weise beabsichtigt hat«*, schrieb Smith.

Smith hatte vor allem eine Grundüberzeugung: Jeder Mensch achtet immer darauf, dass er das, was er hat (oder kann), so gut wie möglich eintauscht oder verkauft – gegen das, was andere haben (oder können). *Eigeninteresse* ist also das, was jeden antreibt, meinte der Brite. Dieses Eigeninteresse mündet aber nicht in eine wüste Rangelei, bei der jeder versucht, sich zu bereichern. Vielmehr glaubte Smith, dass sich das, was jeder für seine Arbeit (oder für die Waren, die er herstellt) bekommt, ständig neu regelt.

Eine mehr oder weniger geheimnisvolle Kraft sorge wie eine »unsichtbare Hand« dafür, dass das Eigeninteresse beispielsweise eines Händlers (wie Karl oder Theo Albrecht) diesen Händler dazu bringt, Geschäfte genau dort zu eröffnen, wo die Kunden sie gern haben möchten. Und er legt in die Regale die Waren, die die Kunden wollen. Sonst könnte er ja nichts verkaufen. Das Eigeninteresse des Händlers wird außerdem dafür sorgen, dass die Preise möglichst niedrig sind. Denn die Kunden haben ja wiederum das Eigeninteresse, möglichst wenig zu zahlen.

Das Eigeninteresse derjenigen, die für den Händler Waren produzieren, wird zwar darin liegen, möglichst viel für ihre Produkte zu verlangen. Doch weil Milliarden von Menschen auf dem Globus jeden Tag aufs Neue so etwas wie Vereinbarungen treffen, was Waren oder Arbeit kosten sollen, pegele sich die Sache in jeder Minute neu ein. So wie in früheren Jahrhunderten Händler und Käufer auf einem großen Marktplatz stets aufs Neue über den richtigen Preis feilschten, so sorge die Marktwirtschaft dafür, dass Angebot und Nachfrage ins richtige Gleichgewicht kommen. Und der »Marktpreis«, der in einer Marktwirtschaft am Ende für Waren und Dienstleistungen gezahlt wird, liefert laut Smith eine ausgesprochen wertvolle Information: die Information, was sich die Menschen wünschen. Denn dafür sind sie bereit, besonders hohe Preise zu zahlen. Und am Ende seien alle Gewinner. So die Theorie.

Die Grobheiten der »unsichtbaren Hand«

Man muss nicht lange nachdenken, um zu merken, dass es bei diesem Spiel natürlich keineswegs nur Gewinner gibt. Beispiel *Verdrängungswettbewerb*: Das märchenhafte Wachstum des Unternehmens der Gebrüder Albrecht war nur möglich, weil gleichzeitig Tausende andere Einzelhandelsunternehmer aufgegeben haben. Es gibt zwar weiterhin auch kleine Läden, deren Besitzer von ihrem Geschäft leben können. Aber die aggressive Strategie von Discountern wie Aldi hat vielen ihrer früheren Konkurrenten schlicht die Luft abgeschnürt.

Oder das Beispiel *Nachhaltigkeit*: Zu Adam Smiths Zeiten war von Klimakatastrophe oder Ozonloch noch keine Rede. Heute aber bestreitet kein Mensch mehr, dass die moderne Wirtschaft den Planeten Erde gewaltig überfordert. Es werden mehr Bäume gefällt, als nachwachsen. Es werden mehr Fische gefangen, als aus Fischlaich schlüpfen. Es werden mehr Abgase in die Luft gepumpt, als die Atmosphäre verträgt.

Was das mit Aldi zu tun hat? Einiges. Die Gebrüder Albrecht legen zwar inzwischen auch brav Bio-Bananen in ihre Läden. Auch Aldi rettet also die Umwelt, könnte man meinen. Aber ihre Geschäfte sind immer noch typisch für das Denken nach dem Motto: »Was kostet die Welt? Nichts.« So sind Aldi-Märkte meist nur mit dem Auto gut zu erreichen. Dass jeder Parkplatz, der dafür zuasphaltiert wird, ein (wahrscheinlich für immer) verlorenes Stück Erde ist – egal. Dass Millionen Aldi-Kunden bei ihren Einkaufstouren Millionen Liter Sprit verbrennen und Tausende Tonnen Kohlendioxid und andere schädliche Gase in die Luft blasen – egal.

Man kann das den Gebrüdern Albrecht gar nicht vorwerfen. Sie haben sich immer an die geltenden Regeln gehalten. Sie haben nie groß etwas getan, was verboten gewesen wäre. Und sie sind mit dem, was sie tun, ja auch nicht allein. Lidl, Penny oder Netto arbeiten im Handel genauso wie Aldi – genauso wie BMW, VW oder Ford beim Autobauen im Wesentlichen nach dem gleichen Muster arbeiten.

Aber gerade deshalb sind die Albrecht-Brüder ein gutes Beispiel dafür, dass die »unsichtbare Hand« eine Hand ist, die einiges kaputtschlägt. Ein Problem dabei ist: Man hört den Knall dieses Kaputtschlagens oft so spät, dass viele glauben, die »unsichtbare Hand« habe mit diesem Knall gar nichts zu tun. Als Karl und Theo Albrecht die ersten Aldi-Filialen auf die grüne Wiese stellten, war die Bedrohung der Umwelt durch den Menschen noch kaum ein Thema. Einige unschöne Schläge der »unsichtbaren Hand« hingegen werden sofort sichtbar. Und sie zeigen, dass diese Hand von Natur aus grob ist.

Im Milchsee verdurstet

Kommen wir noch einmal zu der Milch, die in jedem Aldi-Laden jeden Tag Hunderte Male über den Scanner geht und von der oben schon kurz die Rede war. Weniger als 50 Cent kostete der Liter Mitte des Jahres 2009. Davon kamen bei den Bauern, deren Kühe diese Milch geben, etwa 20 Cent an. Die knapp 30 Cent Unterschied zwischen den 20 Cent, die der Bauer bekommt, und den knapp 50 Cent, die der Kunde zahlt, verteilen sich auf Molkerei, Transport, Verpackung – und natürlich die Händler.

Dummerweise kann nun ein Bauer, der so wirtschaftet, wie sich das Bayern-Urlauber oder auch Bilderbuch-Illustratoren so vorstellen, mit 20 Cent je Liter seine Kosten nicht decken. Bei Weitem nicht. Höchstens Milchfabriken, in denen »Turbokühe« stehen, die jedes Jahr 10 000 Liter Milch und mehr geben, können mit diesen Preisen gerade noch existieren. Dafür zahlen die Tiere, die in diesen Milchfabriken gemolken werden, allerdings einen hohen Preis. Ihre Körper wurden so hochgezüchtet, dass die Kühe von heute doppelt so viel Milch geben, wie ihre Artgenossen es noch vor einigen Jahrzehnten getan haben. Nach vier oder fünf Jahren sind die Tiere komplett ausgelaugt und werden getötet, obwohl sie noch 20 weitere Jahre leben könnten.

Seit Jahren beschweren sich Bauern deshalb immer wieder, dass sie zu wenig für die Milch bekommen, die sie liefern. Die Proteste der Bauern, die ihre Kühe nicht wie Maschinen behandeln wollen, haben aber nichts genützt. Denn an der Milch zeigt sich eine Grundregel, die immer gilt, wenn Geld ins Spiel kommt: Es ist alles eine Frage der Macht.

Die Macht sei mit euch

Im Fall der Milch geht das Machtspiel so: Einzelhandelsketten wie Aldi, Lidl, Netto oder Penny wollen bei den Kunden als möglichst preisgünstig gelten. Als preisgünstig gilt vor allem derjenige, bei dem das billig ist, was man immer wieder kauft: Wasser, Kaffee oder Milch. Deswegen interessiert es die Handelsketten erst einmal gar nicht, ob ein Bauer eigentlich 40 Cent für den Liter Milch bräuchte. Sie sagen ihm einfach, dass er nur 20 Cent bekommt. Denn nur so geht für den Händler die Rechnung auf, die Milch auffallend billig anzubieten.

Auf diese machtvolle Feststellung der Händler könnten die Bauern natürlich mit dem machtvollen Satz antworten: »So billig gibt es unsere Milch aber nicht.« Das Problem bei der Sache hat ein Professor mit dem schönen Namen Onno Poppinga einmal so ausgedrückt: »In Deutschland haben wir 100 000 Milchbauern, 100 Molkereien – und einen Aldi.« Will heißen: Selbst wenn Tausende Bauern entscheiden, ihre Milch nicht mehr so billig zu verkaufen, wie Aldi es verlangt – es bleiben immer noch viele Tausend übrig, die sich auf das Machtspiel einlassen.

Adam Smith dürfte also mit einem recht gehabt haben: Es steckt wohl tatsächlich meist in erster Linie Eigeninteresse dahinter, wenn Menschen arbeiten, erfinden, Handel treiben – also: wirtschaften. Vor allem aber ist es immer eine Frage der *Macht*, wer sein Eigeninteresse am besten durchsetzen kann. Und wenn Macht ins Spiel kommt, gibt es stets auch Verlierer.

Ob die Sache nicht auch anders gehen könnte, dazu steht einiges in den Kapiteln 15 bis 21. Jetzt wollen wir uns erst mal einer anderen Art und Weise zuwenden, wie man Milliardär werden kann. Um genau zu sein: Milliardärin.

Wie man Milliardär wird: Modell »Fabrikant«

Oder: Wohin der Wert der Arbeit fließt

Einen BMW zu besitzen, ist eine feine Sache. So finden es zumindest ziemlich viele Menschen auf der ganzen Welt. Rund 180 000 Stück der noblen Autos zu besitzen, ist eine noch feinere Sache. Und es gibt eine Frau, die im Lauf eines Jahres rund 180 000 BMWs besitzt, wenn man so möchte. Sie verkauft sie jedoch sofort wieder. Dadurch und durch noch einige andere Einkünfte ist Susanne Klatten zur reichsten Frau Deutschlands geworden.

Der Wert von Frau Klattens Besitztümern wurde zuletzt auf 8,2 Milliarden Euro geschätzt (in Ziffern: 8 200 000 000). Nicht nur der Reichtum der Aldi-Familie Albrecht, von dem im Kapitel 1 die Rede ist, lässt sich kaum fassen. Auch sich den Reichtum von Frau Klatten vorzustellen, ist für normale Menschen nur mit Mühe möglich. Man kann es mit ein paar Rechenbeispielen versuchen. Für 8,2 Milliarden Euro könnte man 32 800 hübsche Einfamilienhäuser oder Eigentumswohnungen zu einem Preis von jeweils 250 000 Euro kaufen. Wenn man pro Haus oder Wohnung im Schnitt drei Bewohner rechnet, käme Platz für rund 100 000 Menschen zusammen – also eine Großstadt. Oder man könnte feststellen, dass der Besitz der Unternehmerin Susanne Klatten in etwa dem entspricht, was ein ganzes Bundesland wie Mecklenburg-Vorpommern in einem Jahr ausgibt. Für alle Lehrer und Polizisten, die für dieses Bundesland arbeiten, für alle Straßen, die dieses Bundesland baut, und noch für einiges mehr.

Allerdings hat Susanne Klatten diese geschätzten 8,2 Milliarden Euro nicht auf einem Bankkonto liegen, von dem sie jederzeit drei, vier oder auch fünf Milliarden abheben könnte. Das hat sie auch gar nicht vor. Ihr Besitz steckt im Wesentlichen in großen Firmen. Die bekannteste davon ist der Autobauer BMW. Außerdem gehört ihr beispielsweise ein großer Teil der Firma Nordex, die Windräder herstellt, mit denen Strom erzeugt wird. Und schließlich ist Frau Klatten mehr oder minder die alleinige Besitzerin von Altana. Dieses auf bestimmte Chemieprodukte spezialisierte Unternehmen ist bei Weitem nicht so bekannt wie BMW. Aber auch Altana ist keine kleine Firma: Rund 4800 Menschen arbeiten dort. Sie arbeiten also für Susanne Klatten. Ebenso wie rund hunderttausend Beschäftigte von BMW teilweise für Susanne Klatten arbeiten. Und das Schöne für Frau Klatten ist: Jeder Mitarbeiter verdient zwar für sich selbst Geld. Aber er verdient für Frau Klatten auch noch eine ganze Menge mit.

Haben ist nicht gleich haben

Eine Firma kann man auf ganz unterschiedliche Weise besitzen. Wer zum Beispiel einen Handwerksbetrieb oder einen Laden aufmacht, dem gehört dieser Betrieb oder Laden üblicherweise direkt und allein. Größere Firmen hingegen sind meist sogenannte Kapitalgesellschaften. Das heißt, der Besitz an der Firma wird auf mehrere Eigentümer verteilt. Kleinere und mittelgroße Unternehmen wählen oft die Gesellschaft mit beschränkter Haftung (GmbH) als Rechtsform. Sie trägt diesen Namen, weil im Fall einer Pleite nur das Geld, das die Eigentümer als Kapital in die Firma gesteckt haben, davon betroffen ist (»haftet«). Das restliche Privatvermögen, das die Eigentümer einer solchen GmbH (die Gesellschafter) sonst noch besitzen, bleibt bei einem Scheitern der Firma außen vor. Vor allem größere Unternehmen entscheiden sich oft für die Aktiengesellschaft (AG oder auch SE, so heißen Aktiengesellschaften nach besonderen europäischen Regeln: Societas Europaea). Aktiengesellschaften können (müssen aber nicht!) ihre Anteile an der Börse handeln lassen – mehr dazu steht in Kapitel 7. Überschüsse, die eine Aktiengesellschaft erwirtschaftet, werden üblicherweise zum einen Teil wieder in das Unternehmen gesteckt, etwa um neue Maschinen zu kaufen. Der andere Teil der Überschüsse wird an die Aktionäre ausgezahlt. Der Fachbegriff heißt »Dividende«, weil der Gewinn aufgeteilt, also dividiert wird.

Große Zahlen – große Wirkung

Nicht nur im Handel ist Wirtschaft eigentlich gar nicht so kompliziert. Auch dann, wenn es darum geht, die Waren herzustellen, die Händler verkaufen, gibt es einige Regeln, die einigermaßen simpel sind. So kann man folgende Rechnung aufmachen, die ebenso einfach wie lehrreich ist: In einem guten Jahr, wie dem Jahr 2007, verkauft BMW weltweit rund 1,5 Millionen Autos. Dafür streicht das Unternehmen eine bestimmte Summe ein, muss aber selbstverständlich auch eine bestimmte Summe ausgeben: für Karosseriebleche ebenso wie für Gehälter der Menschen, die die Wagen zusammenschrauben oder die sich Gedanken machen, wie die Motoren der Zukunft aussehen sollen. Im Jahr 2007 beispielsweise hat BMW rund 56 Milliarden Euro eingenommen und gleichzeitig knapp 53 Milliarden Euro ausgegeben. Am Ende blieben 3,1 Milliarden Euro übrig.

Von den 3,1 Milliarden Euro Gewinn, die BMW in der Kasse geblieben sind, wurden 694 Millionen Euro als sogenannte Dividende an die weitergereicht, denen das Unternehmen gehört. Im Fall von BMW gibt es eine ganze Reihe von Besitzern. Ihr jeweiliger Anteil ist in Aktien aufgeteilt. Je nachdem wie viele dieser Anteile jeder einzelne Aktionär besitzt, fällt sein Anteil an der Dividende höher oder niedriger aus. Weil Susanne Klatten 12,6 Prozent der Anteile an der BMW AG gehören, bekommt sie auch 12,6 Prozent der Dividende.

Jeder Beschäftigte von BMW hat im Jahr 2007 also nicht nur sein eigenes Jahresgehalt verdient. Er hat darüber hinaus noch einen zusätzlichen Wert geschaffen, den aber nicht der Mitarbeiter selbst erhält, sondern die Aktionäre. Für das Jahr 2007 waren

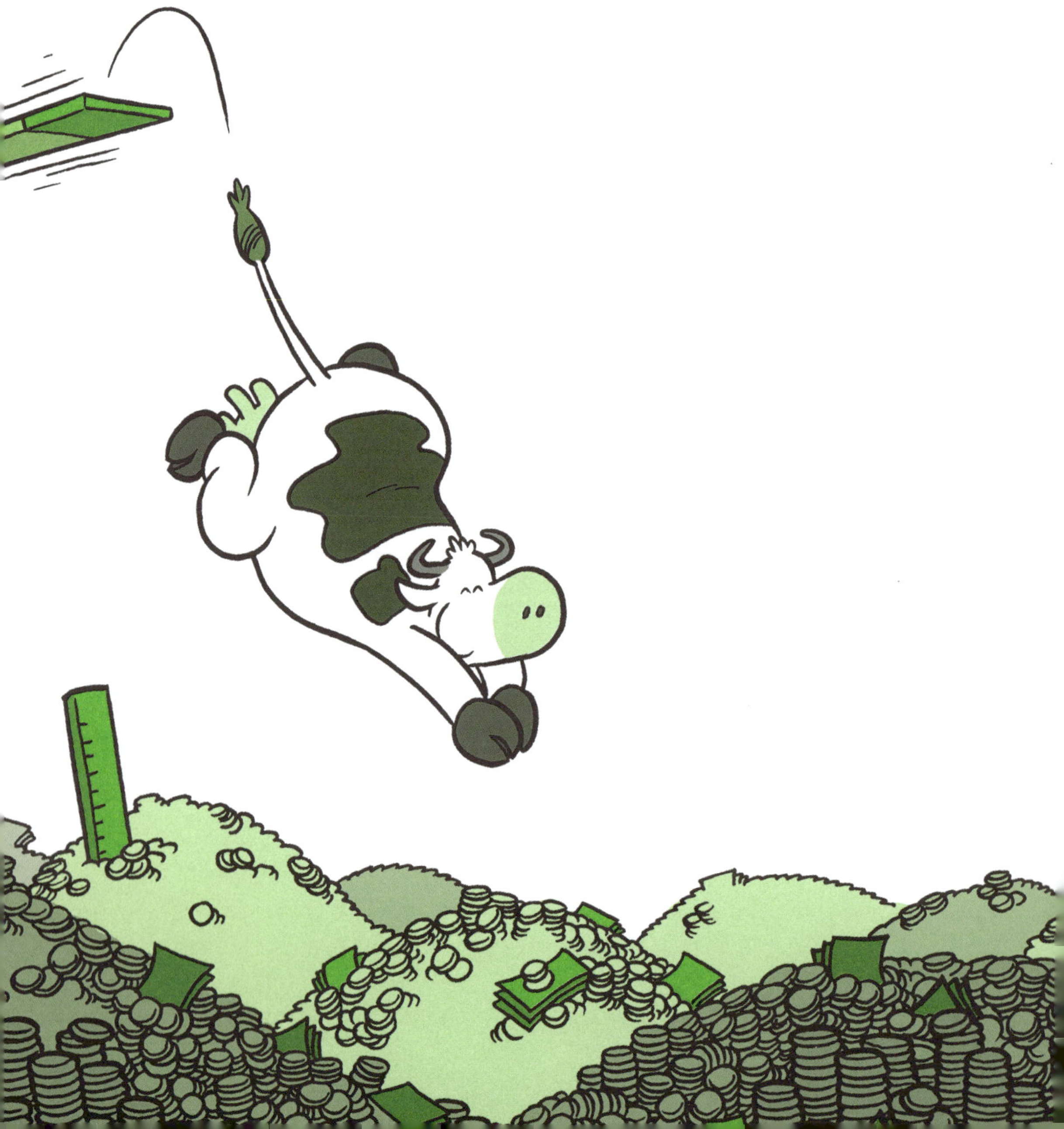

das bei BMW rund 6500 Euro. Diese Summe hat rechnerisch jeder Beschäftigte im Schnitt für die Dividenden erwirtschaftet, die an die Aktionäre geflossen sind.

Weil Susanne Klatten ein Achtel der BMW-Aktien gehört, haben rund 12 000 BMW-Beschäftigte jeweils etwa 6500 Euro sozusagen bei ihr abgeliefert. Wenn so viele Arbeitnehmer zusammenlegen, sammelt sich einiges an. In dem Fall waren es für das einzelne Jahr 80 000 000 Euro, die Frau Klatten erhielt. Allein aus dem Grund, dass sie einen beträchtlichen Anteil der Aktien von BMW besitzt.

Plage oder Segen? Die Rolle der »Finanzinvestoren«

Üblicherweise können Tiere keine Firmen besitzen. Wenn von »Heuschrecken« die Rede ist, die ein Unternehmen aufkaufen, sind allerdings keine Insekten gemeint. Der SPD-Politiker Franz Müntefering hatte im Jahr 2005 sogenannte »Finanzinvestoren« im Sinn, als er von Heuschrecken sprach. Finanzinvestoren sind selbst Unternehmen, nur stellen sie nichts her. Sie haben sich vielmehr darauf spezialisiert, andere Unternehmen ganz oder teilweise aufzukaufen. Die Finanzinvestoren versprechen ihren Eigentümern hohe Gewinne, die sie mitunter durch rabiate Methoden erzielen. Daher ist der Name »Heuschrecken« in den allgemeinen Sprachgebrauch eingegangen. Denn nach Ansicht ihrer Kritiker fressen sie Firmen kahl, so wie Wanderheuschreckenschwärme Landschaften leer fressen können. Die Chefs solcher Investorenfirmen sehen das natürlich anders. Eines können aber auch sie nicht bestreiten: Die Macht mancher Finanzinvestoren ist gewaltig. So kontrolliert das größte dieser Unternehmen, die US-Firma BlackRock, eine Summe, die in etwa der Jahres-Wirtschaftsleistung Deutschlands entspricht: BlackRock hat Ende 2009 umgerechnet rund 2,2 Billionen Euro verwaltet, das deutsche Bruttoinlandsprodukt lag bei etwa 2,5 Billionen. Stellt sich die Frage: Wer ist mächtiger – die Chefs von Firmen wie BlackRock oder Regierungschefs?

Das Schneeball-Prinzip

Deutschlands reichste Frau hat aber neben ihren BMW-Dividenden noch ganz andere Einkünfte. Im Jahr 2007 verkaufte die Altana AG, von der Frau Klatten damals etwas mehr als die Hälfte der Aktien gehörte, einen Teil ihrer Geschäfte an ein anderes Unternehmen. Die Einnahmen aus diesem Verkauf wurden zum großen Teil an die Aktionäre weitergereicht. Susanne Klatten erhielt daher durch diesen Verkauf 2,366 Milliarden Euro (in Ziffern: 2 366 000 000). Wenn man das mit dem Verdienst normaler Arbeitnehmer vergleicht, müssten rund 60 000 Beschäftigte ihr gesamtes Jahreseinkommen zusammenlegen.

Auch Susanne Klatten ist, nach allem, was man hört, eine fleißige Person. Sie gibt sich Mühe, ihren Besitz ordentlich zu verwalten. Sie verdankt aber diesen Besitz ohne jeden Zweifel nicht in erster Linie ihrem eigenen Fleiß, sondern einem glücklichen Zufall. Dem Zufall, in die richtige Familie hineingeboren worden zu sein, die Familie Quandt. Diese Familie verdient schon seit weit über hundert Jahren ihr Geld in der Industrie. (Bei ihrer Heirat hat Frau Klatten den Namen Quandt abgelegt und den Namen ihres Ehemanns angenommen.) Und ebenso lange profitiert diese Familie von dem, was die Beschäftigten der verschiedenen Fabriken des Unternehmens-Imperiums an Werten schaffen. Ganz nach dem Prinzip eines Schneeballs, den man in (einigermaßen feuchtem) Schnee herumrollt: Er wird immer größer, weil mit jeder Umdrehung immer mehr neuer Schnee daran festpappt. Je größer der Ball, desto mehr klebt fest. Und so weiter.

Wie man mit Fabriken reich wird: kurze Familiengeschichte der Quandts

Der Name der Familie Quandt ist nicht sonderlich bekannt – und das, obwohl sie zu den reichsten Industrie-Dynastien Deutschlands und der ganzen Welt gehört. Den Grundstein gelegt hat Emil Quandt. Er übernahm 1883 die Leitung einer Tuchfabrik im brandenburgischen Pritzwalk. Der Erste Weltkrieg brachte den Quandts Großaufträge für Armeeuniformen. Nach dem Krieg verstand es der Firmenerbe Günther Quandt, die Firmengruppe weit über die Textilindustrie auszuweiten. Er verlegte sich insbesondere auf die Kali-Industrie, die wichtig ist für die Herstellung von Kunstdünger. Daneben setzte er auf Fabriken, die Akkumulatoren und Batterien lieferten, ihre Produkte wurden später unter dem bekannten Namen VARTA verkauft. Auch vom Zweiten Weltkrieg profitierte die Quandt-Gruppe. Sie produzierte Munition und andere Rüstungsgüter. In der Nachkriegszeit konzentrierte sich Günther Quandts zweitgeborener Sohn Herbert zum einen darauf, den Pharma- und Chemiekonzern Altana (der aus der VARTA-Gruppe hervorging) zu stärken. Außerdem kaufte er die Mehrheit der Aktien des Autobauers BMW. Bis zu seinem Tod sank sein Anteil zwar wieder unter 50 Prozent, aber dank des Erbes von Herbert Quandt gehörten seiner Ehefrau Johanna im Jahr 2009 immerhin 16,3 Prozent der BMW-Aktien, seinem Sohn Stefan 17,4 Prozent und seiner Tochter Susanne 12,6 Prozent. Und vor allem Herbert Quandts Kinder Stefan und Susanne besitzen noch einiges mehr an Firmenkapital, das auf andere Unternehmen verteilt ist.

Die Familie Quandt ist also ein Beispiel für eine Art, reich zu werden, die schon eine lange Geschichte hat: Sie besitzt sogenannte Produktionsmittel (in diesem Fall Fabriken). Von dem, was die Menschen, die mit diesen Produktionsmitteln arbeiten, an Wert schaffen, schöpft die Familie Quandt stets ein bisschen ab. Aber auch die meisten Arbeiter und Angestellten sind in den vergangenen Jahrzehnten damit nicht schlecht gefahren. Nicht nur gut qualifizierte Manager und Ingenieure verdienen bei BMW ordentlich. Auch die Arbeiter, die in den Werkhallen Autos und Motorräder zusammenbauen, stehen vergleichsweise gut da.

Die Art und Weise, auf die in Industrieunternehmen wie BMW sozusagen der Kuchen gebacken wird, bringt also für alle Beteiligten Vorteile. So kann man zumindest auf den ersten Blick meinen. Für die, denen der Ofen gehört, ist der Vorteil größer. (Wie oben erwähnt, liegt das Jahreseinkommen der BMW-Großaktionärin Susanne Klatten himmelweit über dem Jahreseinkommen des fleißigsten BMW-Angestellten). Aber auch diejenigen, die den Teig kneten und den Kuchen aus dem Ofen holen, bekommen etwas ab. Verglichen mit einem Fabrikarbeiter in Indien oder Äthiopien, geht es einem durchschnittlichen Arbeiter in Deutschland geradezu fürstlich. Weil er, wenn man so will, das Glück hat, an einem Ofen zu stehen, den Leute wie Frau Klatten in die Landschaft haben stellen lassen. (Dazu, dass man selbstverständlich auch in Deutschland, Österreich oder der Schweiz in Armut leben kann, einiges mehr in den Kapiteln 9 bis 14.)

Besonders gut erkennbar wird der Wohlstand, in dem die Mehrzahl der Menschen in den Industriestaaten lebt, wenn man in der Geschichte ein paar Schritte zurückgeht.

Wir werden immer reicher

Man mag es heute kaum glauben, aber es gibt Dinge, die waren vor gar nicht langer Zeit ein absoluter Luxus. Ein Auto zu besitzen, war in den 60er-Jahren nicht nur in Ostdeutschland, sondern auch im Westen nicht die Regel, sondern die Ausnahme. Im Jahr 1960 hatte nur etwa einer von sieben Haushalten ein eigenes Auto. Im Jahr 1976 stand in Westdeutschland schon bei mehr als vier von sieben Haushalten ein Pkw vor der Tür oder in der Garage. Und in den 80er-Jahren stieg der Anteil der Autobesitzer auf über 90 Prozent.

Oder das Beispiel Telefon: Anfang der 60er-Jahre hatten nur 14 Prozent der Haushalte ein eigenes Telefon. Wer einen *Fernsprechapparat* (so hieß das Gerät damals) benutzen wollte, ging in die Telefonzelle oder zum Nachbarn. Heute sind im Prinzip sämtliche Bundesbürger mit Festnetz und Mobiltelefonen komplett eingedeckt. Inzwischen ist es eher unnormal, nur ein Telefon zu haben. Üblich sind zwei oder drei.

Ganz zu schweigen von technischen Geräten, die es vor ein paar Jahrzehnten schlicht nicht gab oder nur in den Häusern einiger reicher Familien. Noch in den 70er-Jahren war eine Stereoanlage ein Luxusgut, auch ein Fernseher war keineswegs eine Selbstverständlichkeit. Heute gehören Flachbildschirme, DVD- oder Blu-Ray-Recorder, PCs, MP3-Spieler zu den meisten Haushalten genauso selbstverständlich dazu wie die Klinke an die Tür.

Dass nicht nur Milliardäre wie Karl und Theo Albrecht oder Susanne Klatten immer besser dastehen, zeigt sich auch an einer anderen Zahlenliste:

So viele Minuten musste ein Durchschnittsarbeitnehmer im Jahr 1960 und im Jahr 2008 arbeiten, um sich etwas kaufen zu können:

	1960	2008
Kühlschrank	4710	1432
Waschmaschine	13470	2008
Vollmilch, 1 Liter	11	4
Mischbrot, 1 Kilo	20	11
Kaffee, 500 Gramm	213	20
Haare waschen und föhnen		
beim Damenfriseur	88	72
Kabeljau, 1 Kilo	56	68

Berechnung: Institut der Deutschen Wirtschaft mit Daten des Statistischen Bundesamtes und des Instituts für Arbeitsmarkt und Berufsforschung

Das Geheimnis hinter dem ständigen Wachsen unseres Wohlstands hat einen Namen: Produktivität. Mit diesem Begriff wird beschrieben, wie viel Aufwand man treiben muss, um ein bestimmtes Produkt herzustellen – oder auch um eine bestimmte Dienstleistung anzubieten, wie einen Haarschnitt oder die Vermittlung von Telefongesprächen. Vor allem seitdem Menschen sich ihre Arbeit aufteilen, ist die Produktivität rasant gestiegen, sprich: In der gleichen Zahl von Arbeitsstunden schaffen die Menschen insgesamt weit höhere Werte als früher.

Dass man mehr und schneller produzieren kann, wenn man die Arbeit untereinander aufteilt, hat sich schon ab dem Mittelalter gezeigt. Ab dem 18. und 19. Jahrhundert explodierte in Europa geradezu die Produktivität, die diese Arbeitsteilung mit sich brachte. Zunächst in sogenannten Manufakturen und später in Fabriken wurden die Menschen an neu erfundene Maschinen gestellt. Jeder erledigte einen bestimmten Arbeitsschritt. Auf diese Weise konnten beispielsweise hundert Menschen mehr Stoff und Tuch produzieren, als es vorher tausend oder zweitausend Weber geschafft hatten. Noch einmal enorm beschleunigt hat sich die Produktivität, als Arbeitsabläufe fast komplett automatisiert wurden. Viele Maschinen brauchen heute nicht einmal mehr jemanden, der sie bedient.

Auch im Jahr 1960 wurden Waschmaschinen schon in Fabriken am Fließband montiert. Doch die Arbeiter mussten an vielen Stellen mit ihren Händen Bleche bearbeiten, Schrauben festziehen usw. So kam es, dass ein durchschnittlicher Arbeitnehmer den Lohn von 224 Stunden und 30 Minuten aufwenden musste, um eine Waschmaschine bezahlen zu können. Heute sind es nur noch 33 Stunden und 28 Minuten. Statt sechseinhalb Wochen Arbeitszeit genügen also etwa viereinhalb Tage Arbeit, um das gleiche Produkt zu kaufen.

Es gibt allerdings Bereiche, in denen sich die Produktivität durch den Einsatz von Technik nur wenig oder auch gar nicht steigern lässt. Ein Beratungsgespräch, das ein Arzt mit einem Kranken führt, wird immer eine gewisse Zeit dauern. Das kann kein Roboter übernehmen. Und Haare in eine bestimmte Form zu stylen, braucht auch seine Zeit. So erklärt sich, dass jemand heute fast ebenso lange arbeiten muss, um von seiner eigenen Arbeitskraft eine ordentliche Frisur einkaufen zu können, wie es vor einem halben Jahrhundert schon der Fall war.

Zerstörerischer Wohlstand

Die Liste der Entwicklung von Preisen – gemessen in Arbeitsminuten – zeigt aber auch, dass Produktivität in ihr Gegenteil umschlagen kann. Jahrzehntelang haben die weltweiten Fischereiflotten ihre Fangtechniken perfektioniert. Fischschwärme werden nicht nur mit Echolot, sondern auch mit Satelliten aufgespürt. Schiffe, die eigentlich schwimmende Fabriken sind, lassen Fischen keine Chance zu entkommen. Mit drastischen Folgen. Der Kabeljau beispielsweise, der früher zu den am weitesten verbreiteten Fischarten gehörte, war Anfang der 90er-Jahre so gut wie vernichtet. Bis heute haben sich die Bestände nicht wieder erholt. Und das schlägt sich auch im Preis dieses immer noch beliebten Speisefisches nieder. Wer heute ein Kilo Kabeljau kaufen möchte, muss dafür *länger* arbeiten als vor fünfzig Jahren. Denn die Produktivität der Fischerei-Industrie ist so hoch geworden, dass sie die Grundlage, auf der sie produziert, weitgehend zerstört hat.

Kabeljau ist aber nicht nur ein Beispiel für die Folgen besinnungsloser Produktivitätssteigerung. Er ist auch ein Beispiel für die alte Faustregel: *»Angebot und Nachfrage bestimmen den Preis.«* Weil es weniger Fisch gibt, aber immer mehr Menschen Fisch essen möchten, steigt der Preis. Denn diejenigen, die den Fisch in die Läden bringen, können höhere Preise durchsetzen – so der zweite Teil der Faustregel.

Faustregeln stimmen zwar meistens nur zum Teil, so auch die Faustregel von Angebot, Nachfrage und Preis. Aber dort, wo solche Regeln halbwegs zutreffen, können sie bemerkenswerte Folgen haben. Das zeigt sich an einem weiteren Modell, wie man Milliardär werden kann. Das Modell heißt »Monopolist«.

3

Wie man Milliardär wird: Modell »Monopolist«

Oder: Alles eine Frage der Marktmacht

Die *reichsten Männer Deutschlands* (Karl und Theo Albrecht) sind mit Handel zu Milliardären geworden. Die *reichste Frau Deutschlands* (Susanne Klatten) profitiert von dem, was Fabriken täglich abwerfen. Der über viele Jahre hinweg *reichste Mann der Welt* hingegen hat mit einem anderen Geschäftsmodell seine Milliarden zusammenbekommen: Bill Gates ist von Beruf Monopolist. Zumindest war er das, solange er noch das von ihm gegründete Unternehmen leitete. Inzwischen schaut er sich die Microsoft Corporation eher von außen an. Aber auf 38,9 Milliarden Euro (in Ziffern: 38 900 000 000) wird sein Vermögen vor allem deswegen geschätzt, weil ihm das Unternehmen zum großen Teil gehört. In den 16 Jahren von 1995 bis 2010 verdankte er diesem Besitz 13 Mal den ersten Platz auf der Milliardärsliste des US-Magazins »Forbes«. Nur drei Mal gelang es einem anderen Superreichen, diesen Posten zu ergattern.

Die Geschichte von Bill Gates wird wahrscheinlich noch in hundert oder zweihundert Jahren Stoff für Erzählungen darüber liefern, was für eine überragende Rolle eine einzelne Person in der Wirtschaft spielen kann. Angefangen hat er als computerverrückter Junge – allerdings in einer Zeit, als es noch schwierig war, Zugang zu Computern zu bekommen. In Privathaushalten standen keine, und »Rechnerzeit« auf den Anlagen großer Firmen zu bekommen, war nicht leicht.

Als Gates anfing, Computerprogramme zu schreiben, gehörte er also noch zu einer kleinen Gruppe von Verschworenen. Und er hatte auch etwas Glück: MS-DOS, ein Programm, das er mit anderen entwickelt hatte, wurde von einem der damals größten Computeranbieter zur Standard-Software gemacht: IBM. Damit war der Weg geebnet, dass nicht nur IBM-Computer mit dieser Software liefen. Auch andere Rechner mussten auf MS-DOS zurückgreifen, wenn sie sich mit IBM-Rechnern verständigen können sollten. Und das Nachfolgeprogramm Windows baute auf dieser Vormachtstellung auf: Nach Schätzungen arbeiteten zwischenzeitlich rund 95 Prozent aller Rechner weltweit mit Windows.

Alleinsein macht reich

»Monopol« heißt eigentlich, dass es nur einen einzigen Anbieter gibt, dass also 100 Prozent eines bestimmten Produkts von einem Verkäufer kommen. Doch auch im »Fall Microsoft« waren sich alle Beteiligten in einem einig: Die Firma von Bill Gates konnte sich lange Zeit so verhalten, als ob sie die einzige auf dem Markt wäre, auch wenn ihr dazu etwa fünf Prozent Marktanteil fehlten. Konkurrenten wie Apple hatten zwar stets eine treue Fan-Gemeinde, doch die Vormachtstellung von Microsoft ist dadurch nie in Gefahr geraten. Das Schöne für die Hersteller von Windows war dabei: Sie konnten üppige Preise verlangen (sofern sie es nicht übertrieben), trotzdem fanden und finden Programme wie Windows, Word oder Power Point millionenfachen Absatz.

Wie gut Microsoft damit verdient, zeigt eine Zahl, für die sich Wirtschaftsfachleute besonders interessieren, wenn sie eine Firma beurteilen: die Umsatzrendite. Sie gibt an, wie hoch der Gewinn (also die Rendite) eines Unternehmens im Vergleich zu dem ist, was es insgesamt einnimmt und wieder ausgibt (dem Umsatz). Im Handel liegt die Umsatzrendite meist bei ein bis zwei Prozent. Die drei bis vier Prozent, die die Aldi-Märkte nach Schätzungen

erzielen (siehe Kapitel 1), sind ein echter Spitzenwert. In den typischen Industriezweigen wie dem Autobau erreichen die Firmen in guten Zeiten fünf bis sechs Prozent Umsatzrendite oder auch mal acht. Microsoft schafft in guten Jahren deutlich mehr als 30 Prozent.

Ebenfalls schön für den Windows-Konzern: Auch wenn die Programme bei der Markteinführung erst mal mit Fehlern durchsetzt waren, die Kunden nahmen es in Kauf. Sie hatten ja kaum eine andere Wahl. So konnte Microsoft jahre- und jahrzehntelang wachsen und der Firmengründer Bill Gates zum reichsten Mann der Welt werden.

Wettbewerb mit sich selbst

Microsoft hat sich zwar auch einigen Ärger eingehandelt. Denn nach den Regeln, die die Industriestaaten für die Wirtschaft gesetzt haben, sind Monopole nur dann garantiert in Ordnung, wenn jemand mit einem gewissen Aufwand eine Erfindung ertüftelt hat. Wenn diese Erfindung als Patent angemeldet wird, steht sie eine gewisse Zeit (in der Regel 20 Jahre) unter Schutz. Das heißt, niemand anders darf das gleiche Produkt anbieten. Der Hersteller hat ein gesetzlich garantiertes Monopol. Das wiederum bedeutet, er kann den Preis so hoch ansetzen, wie er es für richtig hält. Konkurrenten, die das gleiche Produkt für weniger Geld verkaufen, kann es nicht geben, sie würden ja den Patentschutz verletzen. Sofern der Preis für eine Monopol-Ware nicht so absurd hoch ist, dass niemand ihn zahlen will, kann der Monopolist also ansehnliche Gewinne einstreichen, die sogenannte Monopol-Rendite.

500000 Euro für ein paar Bonbons? Undenkbar –
500000 für ein paar Tabletten? Na klar!

Ein Patent für eine Ware zu besitzen, ist für eine Firma oder einen Erfinder recht angenehm. Niemand darf dieses Produkt herstellen, um es möglicherweise billiger zu verkaufen. Absolute Mondpreise können Patent-Inhaber allerdings üblicherweise nicht durchsetzen. Wer ein Bonbon erfindet, das auch nach einer Stunde im Mund nicht kleiner wird, der wird dafür besser nicht 50000 Euro verlangen und auch nicht 5000. Denn dann würde niemand diese Erfindung kaufen, selbst wenn sie unüberbietbar genial ist. Anders sieht die Sache bei einer besonderen Art von Produkten aus. Bei patentgeschützten Arzneien zahlen – zumindest in Deutschland – die Krankenversicherungen bislang das, was der Hersteller verlangt. Wenn ein Medikament als halbwegs sinnvoll gilt, können die Pharmafirmen den Preis also beliebig hoch ansetzen. Milliarden-Preise verlangen sie nicht – sie wollen die Kuh, die sie melken möchten (die Krankenversicherungen), ja nicht erdrosseln. Aber Millionenpreise sind schon mal drin, zumindest Halb-Millionen-Preise. Es gibt Arzneien gegen seltene Krankheiten, bei denen die Behandlung eines einzelnen Patienten tatsächlich rund eine halbe Million Euro im Jahr kostet. Kein Wunder, dass der Anteil des Gewinns am gesamten Umsatz, also die Umsatzrendite, in der Pharmaindustrie so hoch liegt wie in sonst kaum einem anderen Industriezweig: In der Regel beträgt sie rund 20 bis 25 Prozent.

Microsoft hat aber nicht nur die Patente auf seine eigenen Programme fleißig genutzt. Nach der Überzeugung vieler Kritiker hat die Firma jahrelang auch alles unternommen, damit andere Software-Entwickler mit ihren Erfindungen keinen Fuß auf den Boden bekamen. Der Vorwurf, den vor allem die Europäische Kommission gegen Microsoft erhob, lautete: »Missbrauch der Marktmacht.« Worin sich wieder zeigt, dass es in der Marktwirtschaft ganz wesentlich um *Macht* geht. Die »unsichtbare Hand«, die nach der Theorie von Adam Smith (siehe Kapitel 1) mit traumwandlerischer Sicherheit dafür sorgt, dass Händler und Käufer, Arbeiter und Fabrikbesitzer, Erfinder und Konsumenten alle zu ihrem Recht kommen, ist nicht nur grob und gewalttätig. Manchmal ist sie auch schwach bis zur Lähmung.

Denn die Idee von der »unsichtbaren Hand« setzt voraus, dass sich alle sogenannten »Marktteilnehmer« stets in einem freien Wettbewerb gegenübertreten. Dann würde sich der Anbieter durchsetzen, der die besten Waren am günstigsten produziert. Das ist die Theorie.

Die Wirklichkeit ist: Wer wirtschaftet, will eigentlich gar keinen Wettbewerb. Jeder, der eine Ware herstellt oder eine Dienstleistung anbietet, möchte der einzige Anbieter sein. Denn dann müsste er sich nicht mit lästigen Konkurrenten herumschlagen. Monopolist zu sein, ist also ein ganz natürliches Ziel aller Menschen, die etwas verkaufen. Und wenn es schon mit dem Monopol nicht hinhaut, dann möchten Menschen gern ein Kartell bilden, in dem sie absprechen, welche Preise sie für das verlangen, was sie anbieten. Das heißt: Wenn es schon nicht gelingt, der einzige Anbieter einer Ware (oder Dienstleistung) zu sein, möchte niemand von Konkurrenten dauernd im Preis unterboten werden. Deswegen sind Preisabsprachen so alt wie das Wirtschaften.

Allerdings passen Preisabsprachen und die Vorstellung von einem freien Markt nicht zusammen. Die Behörden der Europäischen Union oder anderer Länder sind deswegen ständig damit beschäftigt, »Missbrauch der Marktmacht« durch Kartelle oder Monopolisten zu bekämpfen. Denn dieser Missbrauch gilt als Gefahr für faire Preise. Was ein wirklich fairer Preis ist (und ob es den überhaupt geben kann), darüber gibt es ganz unterschiedliche Auffassungen. Eines aber ist sicher: Es gibt Waren, deren Preise einige Menschen steinreich gemacht haben. Öl zum Beispiel. Doch dazu mehr im nächsten Kapitel.

4

Wie man Milliardär wird: Modell »Ölscheich«

Oder: Glück muss man haben – und keine Skrupel

Fürs Geldanhäufen gilt eine Grundregel: Meistens wird man reich, indem man etwas verkauft. Die einen kaufen Waren billig ein und verkaufen sie etwas teurer (wie die Aldi-Gründer Karl und Theo Albrecht). Die anderen lassen von ihren Angestellten etwas herstellen und verkaufen es anschließend mit ordentlichem Profit (wie die Fabrikantenfamilie Quandt oder auch der Software-Milliardär Bill Gates). Am bequemsten hat es aber eine weitere Sorte von Milliardären: diejenigen, die auf Rohstoffen sitzen. Sie müssen auf dem Land, das ihnen gehört, nur ein wenig in die Tiefe graben – und heraus kommt etwas, wofür andere einen beträchtlichen Preis zahlen.

In den vergangenen Jahrzehnten war Erdöl der Stoff, mit dem man besonders einfach zu Reichtum kommen konnte. Um in kurzer Zeit Milliardär zu werden, musste man nur das Glück haben, dort viel Land zu besitzen, wo viel Öl unter der Erde ist. Besonders vom Glück gesegnet ist in dieser Hinsicht Scheich Khalifa bin Zayed el Nahyan. Unter den reichen Ölscheichs ist er der reichste, so heißt es. Sein Vermögen wird auf 17,9 Milliarden Euro geschätzt (in Ziffern: 17 900 000 000). Er ist Emir des kleinen arabischen Staates Abu Dhabi, also eine Art König. Sein Land hat sich mit sechs weiteren Ländern zu einem etwas größeren Staat zusammengetan, den Vereinigten Arabischen Emiraten, kurz VAE. An der Spitze der VAE steht Khalifa bin Zayed el Nahyan als Staatschef.

Allerdings hat ihn niemals das Volk gewählt, so wie ein deutscher Bundeskanzler oder ein amerikanischer Präsident in Wahlen bestimmt wird. Khalifa bin Zayed el Nahyan ist auf ganz ähnliche Weise Herrscher wie Könige in alten europäischen Märchen: Ihm und seiner Familie gehört nicht nur unglaublich viel in dem Land, das er regiert, er kann als Herrscher auch mehr oder weniger tun und lassen, was er möchte.

Dass es keine freien Wahlen gibt, und dass man als Arbeitnehmer besser nicht versuchen sollte, gemeinsam mit anderen Rechte einzufordern, hat bislang zu keinen großen Protesten geführt. Das könnte damit zusammenhängen, dass nicht nur die Scheichs, die die Vereinigten Arabischen Emirate regieren, märchenhaft reich sind, sondern auch ihre gesamten Länder. In der Hitliste der reichsten Staaten der Welt belegten die VAE zuletzt den achten Platz, das nahe gelegene Emirat Katar Platz drei. Deutschland hingegen liegt auf Platz 19.

Die reichsten Länder der Welt – und die ärmsten

Platz in der Rangliste von insgesamt 180 Staaten	Land	Bruttoinlandsprodukt pro Einwohner in US-Dollar (2008)
1	Luxemburg	113044
2	Norwegen	95062
3	Katar	93204
4	Schweiz	67385
5	Dänemark	62626
6	Irland	61810
7	Island	55462
8	Vereinigte Arabische Emirate	54607
9	Schweden	52790
10	Niederlande	52019
11	Finnland	51989
12	Österreich	50098
13	Australien	47400
14	Belgien	47108
15	USA	46859
16	Frankreich	46016
17	Kuwait	45920
18	Kanada	45428
19	Deutschland	44660
20	Großbritannien	43785
⋮		

165	Nepal	459
166	Zentralafrikanische Republik	459
167	Madagaskar	458
168	Uganda	453
169	Guinea	442
170	Togo	436
171	Afghanistan	429
172	Niger	391
173	Sierra Leone	332
174	Äthiopien	324
175	Malawi	313
176	Eritrea	295
177	Guinea-Bissau	264
178	Liberia	212
179	Demokratische Republik Kongo	184
180	Burundi	138

Vom Wohlstand ihres Landes haben durchaus auch die Einwohner der Emirate etwas. Ein durchschnittlicher Lehrer oder Richter ist natürlich nicht annähernd so reich wie der Emir, der das Land regiert. Und es gibt auch viele Tausend Menschen, die – beispielsweise auf dem Bau – für echte Hungerlöhne arbeiten. Doch das Wüstenland gibt einiges von seinem Ölreichtum an die Bürger ab. So wurden zum Beginn des Jahres 2008 die Gehälter aller Angestellten des Staates mal eben um 70 Prozent angehoben. Wenn ein Bürger eine besonders aufwendige Operation braucht, ist der Staat mitunter großzügig und schickt auch einfache Beamte in Spezialkliniken nach Hamburg oder München, um sie dort behandeln zu lassen. Von einer solchen Gesundheitsversorgung können andere Durchschnittseinwohner afrikanischer oder asiatischer Länder nur träumen.

Die Währung im Ländervergleich: Das BIP

Gemessen wird der Wohlstand (oder die Armut) eines Landes üblicherweise mit der Kennzahl Bruttoinlandsprodukt, kurz: BIP. Es ist die Summe, die herauskommt, wenn man sämtliche Preise für Waren zusammenzählt, die in einem Land innerhalb eines Jahres hergestellt werden. Dazu kommen noch die Dienstleistungen, die in diesem Land erbracht und bezahlt werden – vom Haareschneiden beim Friseur bis zum Aktienverkauf bei der Bank. Große Länder wie die USA kommen hier selbstverständlich auf einen besonders großen Wert. Um verschiedene Staaten vergleichen zu können, wird deshalb das BIP durch die Zahl der Einwohner geteilt. Das »BIP pro Kopf« zeigt, welche Staaten reich sind – unabhängig davon, wie groß sie sind. Das ausgesprochen kleine Land Luxemburg beispielsweise profitiert davon, dass es viele Banken hat, die üppig Geld verdienen. (Dass diese Banken es über lange Jahre hinweg Betrügern aus anderen Ländern besonders leicht gemacht haben, Steuerzahlungen zu umgehen, ist ein eigenes Thema.) Ähnliches gilt für die Schweiz. Einstmals bitterarme Länder wie Katar oder die Vereinigten Arabischen Emirate hingegen verdanken ihren Reichtum dem Öl.

Das Recht des Stärkeren

Zu ihrem Besitz gekommen ist die Familie des Scheichs Khalifa bin Zayed el Nahyan ganz ähnlich, wie viele Adlige in Europa und anderswo auch zu ihrem Besitz gekommen sind. Vor etlichen Jahrhunderten, als Gesetze nicht so viel galten wie heute, war vor allem eine Frage entscheidend: Wer ist der Stärkste, wer hat die besten Waffen? Und in diesen Zeiten haben es auf der ganzen Welt einige Familien mit Gewalt und Geschick geschafft, durchzusetzen, dass bestimmte Ländereien, Wälder oder auch ganze Dörfer ihnen gehörten. Wenn man ganz an die Wurzel der Stammbäume edler und feiner Adelsgeschlechter geht, dann wird man dort immer die gleiche Art von Vorfahr finden: einen Haudrauf, der sich genommen hat, was er nur kriegen konnte.

Viele Adelsfamilien in Europa leben immer noch prächtig von dem Wohlstand, den ihre Vorfahren mit Gewalt zusammengerafft haben. Allerdings ist der Besitz europäischer Adliger nichts im Vergleich zum Reichtum arabischer Scheichs. Die Vorfahren der heutigen Ölmilliardäre in Abu Dhabi, Katar oder Saudi-Arabien hätten sich dabei nicht träumen lassen, dass ihre Nachkommen einmal so unglaublich reich sein würden. Denn die ausgedehnten Besitztümer der Scheichs waren lange Zeit das, was sie auf den ersten Blick auch heute noch sind: Wüste.

Dass unter dieser Wüste Erdöl liegt, das seine Besitzer reich macht, wurde erst klar, als Techniker entdeckten, wofür Erdöl sich alles eignet: als Treibstoff für Autos, Schiffe und Flugzeuge, als Grundstoff für Plastik oder Gummi – oder auch für Arzneien. Das Verfeuern in der Ölheizung ist die am wenigsten fantasievolle Verwendung.

Mit der Nachfrage stieg der Preis des Öls. Und die Ölbesitzer wurden reich und reicher. Und um noch etwas schneller reich zu werden, schlossen sie sich zusammen, damit möglichst keiner die Ware, die sie verkaufen wollten, zu billig anbot. Im Jahr 1960 gründeten vor allem arabische Staaten die Organisation Erdöl exportierender Länder (Organization of the Petroleum Exporting Countries, kurz OPEC). Diesem Kartell gegenüber (siehe auch Kapitel 3) waren die Behörden in Ländern wie den USA oder Deutschland, die gegen Kartelle vorgehen sollen, machtlos. Denn nur wenn Firmen, die den Gesetzen eines bestimmten Staates unterliegen, ein Kartell schmieden, können die Wettbewerbsbehörden etwas dagegen unternehmen. Wenn ganze Länder sich zusammentun und ein Kartell bilden, können andere Staaten kaum etwas ausrichten.

Das Kartell der OPEC war auf dem Markt für Rohöl allerdings nie so mächtig, wie beispielsweise die von Bill Gates gegründete Firma Microsoft es zeitweise auf dem Software-Markt gewesen ist. Denn Öl wurde schon immer auch von Ländern produziert, die der OPEC nicht angehören. So hat Russland umfangreiche Ölvorräte, ebenso wie die USA. Auch Großbritannien und Norwegen haben in der Nordsee große Mengen Öl gefunden. Aber Länder wie Deutschland, Frankreich oder Italien, die über so gut wie gar kein eigenes Erdöl verfügen, sahen es immer mit Sorge, wenn die OPEC ankündigte, weniger Öl aus dem Boden zu pumpen.

Wetten auf den Preis

An der Entwicklung der Ölpreise lässt sich jedoch auch sehen, dass es Kräfte gibt, die noch viel mächtiger sind als die Absprachen in einem Kartell. Das Ölkartell der OPEC hat es zwar ab und zu geschafft, den Preis für seine Ware nach oben zu drücken. Wenn die OPEC beschloss, weniger Öl zu fördern, kam es schon mal vor, dass es deutlich teurer wurde.

Der bislang rasanteste Preisanstieg, der zwischen den Jahren 2004 und 2008 zu beobachten war, hatte aber noch ganz andere Hintergründe.

In den vergangenen Jahren hat sich nämlich auf den internationalen Ölmärkten etwas ganz Bemerkenswertes eingebürgert: Öl wird in den meisten Fällen nicht mehr gekauft, um es als Sprit in Autos oder Flugzeugen einzusetzen oder um daraus

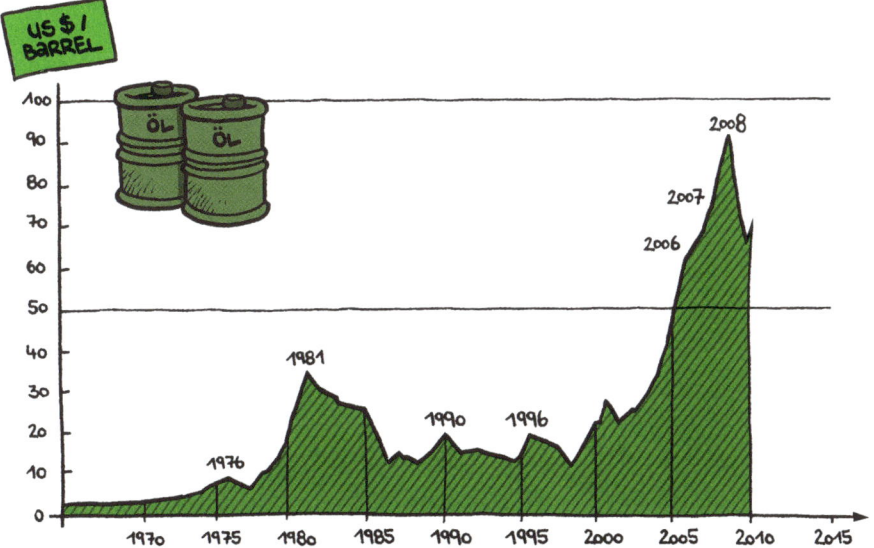

Nach: www.tecson.de

Plastikflaschen herzustellen. Wer heute Öl kauft, tut das meist, um es später wieder zu verkaufen. Um genau zu sein: Er will es *teurer* verkaufen. Denn damit lässt sich Geld verdienen, viel Geld.

Im Jahr 2007 erklärte der damalige Chef der OPEC, Abdullah Al Badri, dass jeden Tag etwa 45-mal mehr Öl eingekauft und wieder verkauft wird, als in Tankern, Fässern und Pipelines umherschwappt. 3 Milliarden Barrel Öl (in dieser Einheit wird Öl gerechnet – der Begriff heißt auf Deutsch »Fass« und steht für 159 Liter) würden täglich auf dem Papier oder im Computer den Besitzer wechseln, erklärte Al Badri. Doch nur 67 Millionen Barrel schippern und fließen wirklich durch die Welt.

Der Reichtum arabischer Scheichs hat also viel mit Glück zu tun. Mit dem Glück, auf dem richtigen Stück Erde geboren zu sein. Er hat aber genauso etwas mit Geschick zu tun. Mit dem Geschick, Preise zu beeinflussen – auch wenn die Preisentwicklung am Ende reichlich irrwitzig aussieht. Besonders irrwitzig wird die Preisentwicklung, wenn Spekulation ins Spiel kommt (mehr zu diesem Thema im Kapitel 7). Ein gewisser Irrwitz herrscht aber auch bei anderen Preisen. Bei den Preisen, die für die Arbeitskraft mancher Menschen gezahlt werden.

Wie man Milliardär wird: Modell »Chef«

Oder: Ganz ohne Neid – Die Frage, ob 15 655 Euro Stundenlohn okay sind, wird ja erlaubt sein

Ob Wendelin Wiedeking schon Milliardär ist, weiß niemand genau – außer ihm selbst wahrscheinlich. Sein Tempo auf dem Weg zur ersten Milliarde ist aber ähnlich schnittig wie die Autos der Firma, die ihn reich gemacht hat: Der langjährige Chef der Porsche AG soll im Jahr 2008 nach Schätzungen rund 80 Millionen (in Ziffern: 80 000 000) Euro verdient haben. Selbst wenn Wiedeking keinen Tag frei gehabt und jeden Tag 14 Stunden gearbeitet hätte, würde das einem Stundenlohn von 15 655 Euro entsprechen.

Und das Jahr 2008 war kein Einzelfall. Im Jahr 2007 soll der Manager rund 60 Millionen Euro verdient haben, in den Vorjahren immerhin schon rund 15 Millionen Euro. Als Wiedeking Porsche im Jahr 2009 verließ, bekam er zum Abschied 50 Millionen Euro mit auf den Weg. Diese jeweils zweistelligen Millionensummen hat er aber nicht als Unternehmer oder Spekulant zusammenbekommen. Wendelin Wiedeking hat sein Geld vielmehr als Angestellter bei Porsche erhalten, so wie Tausende Ingenieure oder Bandarbeiter auch. Aber Wiedeking war immer ein besonderer Angestellter.

Wenn über »die Manager« gesprochen und geschrieben wird und über ihre Millionengehälter, dann ist in der Regel eine ganz bestimmte Sorte von Angestellten gemeint: In Deutschland steht an der Spitze von Großunternehmen (vor allem bei Aktiengesellschaften) ein Vorstand, der sich aus mehreren Männern zusammensetzt. Hier ist bewusst nur von Männern die Rede, denn von hundert Vorständen in Großunternehmen sind im Schnitt nur zwei bis drei Frauen. An der Spitze des Vorstands steht wiederum der Vorstandsvorsitzende. Auch hier kann man guten Gewissens die Frauen unerwähnt lassen, diese Posten teilen die mächtigen Männer fast nur unter sich auf. In anderen Ländern ist die Sache etwas anders organisiert. Aber wenn in den USA von einem »Chief Executive Officer« oder »CEO« die Rede ist, dann ist das Gleiche gemeint: der Chef aller Chefs. Auch die CEOs sind übrigens fast zu hundert Prozent ein Männerclub.

Gemeinsam haben Konzernchefs auf der ganzen Welt eines: Sie verdienen fünfzig Mal, hundert Mal oder auch tausend Mal mehr als ein durchschnittlicher Beschäftigter des gleichen Unternehmens. Wobei es oft nicht ganz einfach ist, herauszufinden, was ein Vorstand denn tatsächlich überwiesen bekommt. Wer wissen möchte, was eine Sekretärin oder ein Ingenieur in einem bestimmten Unternehmen in etwa verdient, der muss nur in den Gehaltstabellen nachsehen, was die Arbeitgeberverbände und Gewerkschaften vereinbaren und in Tarifverträgen festlegen (siehe auch Kapitel 11). Bei Vorständen hingegen besteht das Einkommen zum einen aus einem festen Grundbetrag, den der jeweilige

Manager aushandelt. Dazu kommen häufig noch sogenannte Aktienoptionen und Bonuszahlungen. Sie sind oftmals höher als das Grundgehalt, das aber meist auch schon üppig ist.

Der Wert der Arbeit

Die Frage, wie die Millionengehälter der Manager im Einzelnen zustande kommen, ist jedoch nicht so interessant wie eine andere Frage: Warum eigentlich verdienen viele Manager Millionen?

Ihr Job sei sehr anstrengend, heißt es oft zur Erklärung. Ihr Arbeitstag habe 13, 14 oder 16 Stunden, sieben Tage in der Woche. Ein Vorstandschef arbeitet also vielleicht doppelt oder dreimal so viel wie ein anderer Angestellter. Aber lässt sich damit begründen, dass er hundert Mal oder tausend Mal so viel verdient wie ein anderer Angestellter? Tja.

Ein Vorstandschef trage große Verantwortung, so werden ihre gigantischen Gehälter oft auch noch begründet. Der Oberchef müsse über Millionen- und Milliardensummen entscheiden. Da stellt sich allerdings die Frage, warum die Vorstandschefs von Großunternehmen zigmal mehr verdienen, als es bei Regierungschefs üblich ist. Der deutsche Bundeskanzler (bzw. die Bundeskanzlerin) kommt auf rund eine Viertelmillion Euro im Jahr. Peter Löscher hat im Jahr 2008 mit dem Arbeitsplatz »Vorstandschef bei Siemens« rund 30-mal mehr verdient als Angela Merkel mit dem Arbeitsplatz »Bundeskanzlerin«, nämlich etwa sieben Millionen Euro. Trägt der Siemens-Chef 30-mal mehr Verantwortung als die Kanzlerin?

Das Argument mit der Verantwortung ist auch aus einem weiteren Grund eigenartig: Es kommt immer wieder vor, dass Vorstände Millionen und Milliarden in den Sand setzen. Nicht erst die Finanzkrise ab dem Jahr 2007 hat gezeigt, dass viele Manager eigentlich keinen einzigen Cent verdienen dürften, wenn es danach geht, wie verantwortungsvoll sie mit Geld umgehen. Doch meist läuft es anders. Wenn Chefs Geld zum Fenster rauswerfen, müssen sie zwar manchmal ihren Posten verlassen. Doch dabei bekommen sie meist noch ein paar Hunderttausend oder sogar ein paar Millionen Euro mit auf den Weg.

Millionenschaden angerichtet? Dafür gibt's eine Millionenbelohnung!

Der amerikanische Versicherungskonzern AIG hat in der Finanzkrise, die ab dem Jahr 2007 gewütet hat (siehe Kapitel 7), Geschichte geschrieben: Die 170 Milliarden US-Dollar, die das Unternehmen vom Staat brauchte, um nicht pleitezugehen, waren einmalig. Einmalig war es allerdings auch, dass AIG seinen Managern weiterhin Belohnungen in Millionenhöhe auszahlte – für ihre »gute« Arbeit. Dass Chefs glauben, ein Recht auf solche Belohnungen zu haben, zeigte auch ein deutscher Bankmanager. Der Chef der Bank Hypo Real Estate, Georg Funke, musste zwar Ende 2008 seine Stelle räumen. Denn die Bank wäre um ein Haar in den Abgrund gerutscht, nur rund 100 Milliarden Euro Staatsgeld haben ein noch größeres Desaster zunächst abgewendet. Doch Funke war der Ansicht, dass er trotzdem weiterhin Anspruch auf ein Millionen-

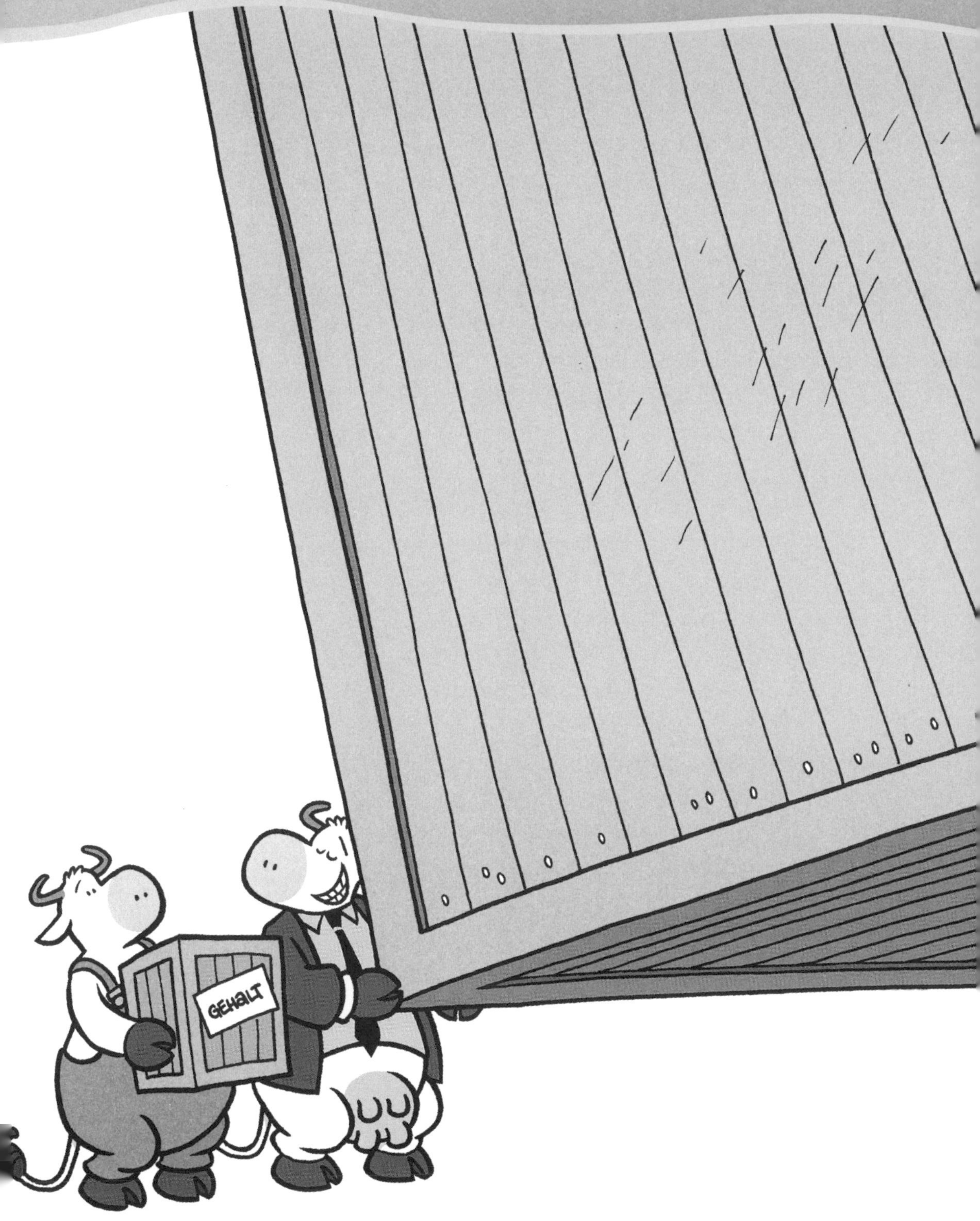
GEHALT

gehalt habe. Er zog vor Gericht, um 3,5 Millionen Euro einzu-
klagen. Auch in der Autoindustrie wird Versagen belohnt. Der
langjährige Chef des Autobauers General Motors (zu dem
auch Opel gehört), Rick Wagoner, hat zwar seine Firma in die
Pleite geführt. Nach dem Rücktritt von seinem Vorstandspos-
ten wurden ihm aber 8,5 Millionen Dollar zugesichert, aufgeteilt auf fünf Jahre. Im Anschluss folgt eine Jahresrente von
74 000 Dollar bis ans Lebensende.

Es ist auch immer wieder zu hören, für 100 000 oder 500 000 Euro im
Jahr bekomme man keine Führungskräfte, die es schaffen, ein großes Unternehmen zu leiten. Wenn ein Manager tausendmal so viel
verdient wie andere Angestellte, sei das also ein »Marktpreis«. Die
Nachfrage nach wirklich guten Kräften sei groß, das Angebot aber
klein. So ähnlich wie bei Diamanten oder Platin. Da stellt sich jedoch
wieder die Frage: Wenn die Millionärs-Manager so wunderbar be-
gabte Einzelfälle sind, warum fahren sie dann immer wieder die
Unternehmen, die sie leiten, an die Wand? Und wenn es stimmt,
dass die Großkonzerne dieser Welt von fantastischen Leuten geleitet werden – wie kann es dann sein, dass gleichzeitig Milliarden
Menschen hungern und die Umwelt den Bach runtergeht? Wobei es
auf diese Frage eine Antwort gibt, die einiges über die moderne Art
zu wirtschaften aussagt: Ein Vorstand wird üblicherweise nicht eingestellt, um etwas gegen den Hunger in der Welt zu tun oder sonst-
wie die Welt zu einem besseren Ort zu machen. Sondern er wird
eingestellt, damit er dafür sorgt, dass seine Firma am Ende eines
Jahres möglichst viel Geld verdient hat. Und wenn er diese Aufgabe erfüllt, wird er gut bezahlt. Alles andere ist nicht sein Job.

Einmal mehr: Es ist die Macht

Eine besonders ehrliche Antwort auf die Frage, warum Manager Millionen verdienen, hat Wolfgang Reitzle gegeben. Er hat zunächst bei BMW Karriere gemacht, dann bei Ford und wurde schließlich Vorstandsvorsitzender der Linde AG, die auf Industriegase spezialisiert ist. Sie stellt beispielsweise Sauerstoff her, den Krankenhäuser brauchen. Rund acht Millionen (in Ziffern: 8 000 000) Euro hat Wolfgang Reitzle im Jahr 2008 verdient. Das war etwa zweihundert Mal mehr als der Verdienst »normaler« Angestellter der Linde AG. Auf die Frage, ob das in Ordnung sei, antwortete er: »Niemand würde ernsthaft fordern, dass ein Spielerstar wie Ballack z. B. nur das Zwanzigfache verdienen darf wie der Gärtner, der den Rasen im Stadion mäht, nur weil beide für denselben Verein arbeiten. Das wäre doch absurd.«

Der Vorstandschef Reitzle sagt also: Zehn, zwanzig oder fünfzig Millionen Euro Jahresgehalt für einen Manager sind deshalb in Ordnung, weil *alle* es so machen. Man könnte es auch anders formulieren: Die Clique der Vorstandschefs weltweit hat einfach eines geschafft: Sie haben durchgesetzt, dass ihre Gehälter als normal gelten. So wie es früher einmal als normal galt, dass sich Könige Schlösser und Paläste hinstellten – egal wie dreckig es vielen ihrer Untertanen ging. Damals wie heute geht es also auch hier vor allem um eines: um Macht.

Interessant ist dabei: Der Vorstandschef Reitzle meint, es sei »absurd«, darüber zu diskutieren, ob ein Fußballstar wie Michael Ballack nicht auch mit etwa einer halben Million Euro Jahreseinkommen zufrieden sein könnte. Das wäre etwa das

Zwanzigfache dessen, was ein Gärtner verdient. Aber die spannende Frage ist doch eher, ob nicht die rund 20 Millionen Euro absurd sind, die Michael Ballack in seinen besten Jahren eingestrichen hat.

Wenn man ein bisschen darüber nachdenkt, wird man sagen müssen: Ja, das ist absurd. Das ist verrückt. Aber es ist wiederum auch normal. Denn viele Bereiche, in denen Geld eine Rolle spielt, haben nichts mit Vernunft zu tun. Wenn Menschen mit Geld in Berührung kommen, setzt vielmehr oft ihr Verstand aus. Das zeigen immer mehr wissenschaftliche Studien. Und nur so lässt sich erklären, dass jemand Multimillionär werden kann, weil er gut dribbelt oder ordentlich singt. Doch dafür wiederum lohnt es sich, ein eigenes Kapitel zu beginnen.

Wie man Milliardär wird:
Modell »Star«

Oder: Wissenschaftlich erwiesen – Wenn Geld ins Spiel kommt, setzt der Verstand aus

»Kann ein Mensch 94 Mio. Euro wert sein?« Diese Frage stellte die BILD-Zeitung auf ihrer Titelseite, als der Fußballer Cristiano Ronaldo im Juni 2009 seinen Arbeitgeber wechselte. Der Fußballstar übernahm aber nicht einfach einen neuen Job, so wie ein Ingenieur vielleicht von Daimler zu Audi wechselt. Der 24-Jährige wurde vielmehr »verkauft«. In seinem Vertrag stand, dass er eigentlich noch länger für seinen alten Verein Manchester United hätte spielen müssen. Doch sein neuer Verein, Real Madrid, wollte Ronaldo unbedingt haben und zahlte jene 94 000 000 Euro, über die sich die Zeitung mit den großen Buchstaben so sehr wunderte.

Mit ein bisschen Nachdenken wird klar, dass es keine vernünftige Antwort auf die Frage der BILD-Zeitung gibt. Ein Mensch hat niemals einen Wert, der sich in Euro ausdrücken lässt. Ein Mensch ist nicht 100 Millionen Euro wert, nicht

100 Milliarden und auch nicht 10 Cent. Insofern lässt sich die Frage, ob Ronaldo 94 Millionen Euro wert ist, nicht mit Ja oder Nein beantworten.

Interessanter ist eine andere Frage: Wie kommt es, dass ein Fußballclub eine solche Summe an einen anderen Club zahlt, nur damit ein Spieler wie Ronaldo »freigegeben« wird? Denn die zehn bis 13 Millionen Euro, die der Portugiese nach Schätzungen im Jahr verdient, sind ja in den 94 Millionen Euro Transfergeld noch gar nicht enthalten.

Wie kommt es also zu der wahnwitzigen Summe von 94 Millionen? Die Antwort: Hier kommen eine ganze Menge Sachen zusammen, von denen jede für sich bei näherer Betrachtung ziemlich irrsinnig erscheint. In der Summe bringt der gesamte Wahnsinn am Ende die Manager von Real Madrid dazu, dass sie es für eine komplett vernünftige Entscheidung halten, 94 Millionen für den jungen Portugiesen auszugeben.

Ohne Wahnsinn keine Wirtschaft

Eine Prise Irrsinn war bei der Entwicklung der modernen Wirtschaft schon immer mit im Spiel. So hätte das Geld in seiner heutigen Form niemals erfunden werden können, wenn die Menschen nicht vor ein paar tausend Jahren beispielsweise über Gold die Vereinbarung getroffen hätten: »Dieses glänzende Metall, das es nur an wenigen Stellen gibt, ist ab jetzt etwas wert.«

Bis dahin hatte Gold keinen Wert fürs tägliche Leben. Heute kann man daraus so praktische Sachen wie Zahnersatz herstellen. Für Leute mit einem kaputten Gebiss hat das Metall also einen echten Gebrauchswert. Vor ein paar Jahrtausenden, als es noch nicht möglich war, Zahnersatz zu produzieren, hatte es diesen Gebrauchswert aber nicht. Essen kann man Gold nicht. Und um Werkzeug daraus zu machen, ist es zu weich. Als Material für Schmuck oder religiöse Gegenstände ist Gold zwar schon vor Jahrtausenden begehrt gewesen. Doch auch der Wert, der einem Goldring oder einer goldenen Totenmaske zugemessen wurde, hatte nie etwas mit vernünftigem Abwägen zu tun. Die Entscheidung, die Menschen trafen, als sie irgendwann sagten, »ab jetzt ist Gold wertvoll, sehr wertvoll sogar«, war ganz klar ein bisschen verrückt.

Vom Werbe-Wahnsinn zum Starkult-Wahnsinn

Besonders irrsinnig wurde es in der Welt der Wirtschaft aber mit der Erfindung der Werbung. Natürlich hat auch schon vor ein paar tausend Jahren ein Gemüsehändler Werbung gemacht, wenn er im alten Ägypten oder Griechenland seine Waren verkaufen wollte. Aber seine Werbung sah denkbar einfach aus. Er hat vielleicht seine Sachen hübsch präsentiert und laut gerufen, dass bei ihm Gurken oder Karotten im Angebot sind. Ihren wirklichen Siegeszug konnte die Werbung erst antreten, als die Massenmedien erfunden wurden.

Darüber, wie Werbung die Vernunft ausschaltet, lassen sich ganze Bücher schreiben. Aber auch schon am Beispiel von Cristiano Ronaldo lässt sich gut sehen, wie die Sache funktioniert. Durch Fernsehübertragungen seiner Spiele, durch Berichte in Zeitungen und Magazinen und auch im Internet ist er zum Star geworden.

Auch damit, dass es nicht viel mit Vernunft zu tun hat, andere Menschen als Stars zu verehren, lassen sich Bücher füllen. Es ist sicher wunderbar, dass Musikfans von warmen Glücksgefühlen durchflutet werden, wenn sie live oder auf dem iPod hören, wie ihre Lieblingssängerin ihr Lieblingslied singt. Und es ist auch wunderbar, dass Fußballfans im siebten Himmel schweben, wenn ein von ihnen verehrter Stürmer ein Tor schießt. Aber mit Vernunft hat das nichts zu tun. Vernunft und Gefühl sind zwei getrennte Welten und das ist wohl auch gut so.

Folglich hat es auch nicht viel mit Vernunft zu tun, dass Cristiano Ronaldo irgendwann zum *Fußballgott* aufgestiegen ist. Götter zu verehren, ist ja nicht unbedingt eine Sache der Vernunft, sondern des Glaubens und der Gefühle. So oder so: Irgendwann war Ronaldo nicht nur ein Star, sondern ein Gott. Und damit wurde er höchst interessant für Firmen, die mit Werbung dafür sorgen wollen, dass sich ihre Produkte besser verkaufen.

Auf Ronaldos Trikot ist mal Werbung für einen Versicherungskonzern zu sehen, mal für einen Telefonanbieter. In Anzeigen und Werbespots posiert er für Jeans und Turnschuhe. Stellt sich die Frage: Ist eine Versicherung deshalb besonders gut, weil ein Fußballer ihren Namen auf der Brust trägt? Wahrscheinlich nicht. Darum geht es aber auch gar nicht. Die Firmen, die Cristiano Ronaldo, Michael Ballack oder Lukas Podolski Zigtausende, Hunderttausende, wenn nicht Millionen Euro zahlen, haben eine Hoffnung: Etwas von dem sagenhaften *Glamour*, der jemanden wie Ronaldo umgibt, soll auf die jeweilige Firma abstrahlen.

Wegen dieses Glamours sollen sich die Menschen für die Jeans der Firma X entscheiden und nicht für die Hosen der Firma Y – denn die Firma X ist ja die Ronaldo-Firma. Und die Sache funktioniert. Wenn jemand erst mal als »der geilste Typ der Welt« gilt (wie es ein Fan über Ronaldo formuliert hat), dann ist alles, was mit ihm in Berührung kommt, ebenfalls geil.

So lässt sich auch erklären, dass Ronaldo-Fans ohne zu murren 80 oder 85 Euro für eine Kopie des Trikots zahlen, das er im Stadion trägt. In den besten Zeiten sind angeblich pro Minute 15 Ronaldo-Shirts zu diesem Preis weggegangen, also alle vier Sekunden eines. Wenn man bedenkt, dass bestimmte Billig-Ketten T-Shirts für zwei oder drei Euro verkaufen, dann sind die 80 Euro für ein Cristiano-Ronaldo- oder auch ein Michael-Ballack-Trikot nur eines: verrückt. Michael Ballack hat es durch solche Verrücktheiten zum bestbezahlten deutschen Fußballer gebracht: geschätzte 20 Millionen Euro Jahreseinkommen.

Ähnlich verrückt wie die 80 Euro für ein Fußballer-Trikot sind aber auch die 120 oder 150 Euro, die eine Konzertkarte von Beyoncé Knowles kostet. Die Amerikanerin hat es damit im Jahr 2008 zur bestbezahlten Musikerin der Welt gebracht: schätzungsweise 80 Millionen Euro Einkommen pro Jahr.

Ein paar Merkwürdigkeiten der Internet-Welt

Solange Menschen wirtschaften, war immer klar: Wenn der eine etwas hat, das der andere haben möchte, dann kostet das etwas. Wenn ein Bäcker Zeit und Material aufwendet, um Brötchen zu backen, kann er die Brötchen nicht verschenken. Er muss etwas dafür verlangen. Nur im Internet von heute gilt diese Grundweisheit nicht mehr.

Geld bezahlen für einen interessanten Zeitungsartikel oder einen hervorragenden Text aus dem Lexikon? Undenkbar, und seien es auch nur 20 oder 50 Cent. Informationen gibt's ja schon seit Jahren kostenlos, Zeitungen und Verlage haben es so gut wie aufgegeben, Geld für die »Ware Wissen« zu verlangen. Musik und Filme? Muss es im Internet doch gefälligst kostenlos geben!

Aber kann das funktionieren? Keiner bekommt mehr Geld für das, was er mit Mühe getextet oder komponiert hat? Dafür sammeln Firmen wie Google Milliarden ein, indem sie das Internet zu einer riesigen Werbefläche machen?

Und wenn ein Klingelton-Abo 4,99 Euro in der Woche wert ist, ist dann ein Zeitungs-Abo fürs gleiche Geld zu teuer?

Wissenschaftlich erwiesen: Geld und Vernunft passen nicht zusammen

Was in der Werbung oder bei der Bezahlung von Fußball- oder Popstars passiert, lässt sich mit einer alten Idee der Wirtschaftswissenschaft nur mühsam unter einen Hut bringen. Schon seit Langem behaupten Wirtschaftsforscher, Menschen würden vernünftig abwägen, wenn sie Geld ausgeben oder auch wenn sie ihre Arbeitskraft verkaufen. Der lateinische Begriff des »homo oeconomicus« (was man am besten mit »wirtschaftlich denkender und handelnder Mensch« übersetzen könnte) geistert immer wieder durch entsprechende Wissenschaftstexte.

Inzwischen sind sich allerdings immer mehr Forscher einig: In echten Menschen steckt nur wenig von diesem »homo oeconomicus«. In letzter Zeit haben Wissenschaftler sogar glasklar nachgewiesen, dass es oftmals gar nichts mit Vernunft zu tun hat, wie Menschen sich in der Welt der Wirtschaft bewegen. Vielmehr hat sich in Experimenten gezeigt: Geld wirkt im Hirn ähnlich wie Drogen. Und wenn Liebe blind macht, dann vernebelt Geld wohl erst recht die Sehfähigkeit.

Einen handfesten Beleg dafür hat bereits vor einigen Jahren der amerikanische Hirnforscher Brian Knutson gefunden. Er legte Testpersonen in Apparate, mit denen sich die Aktivität des Gehirns genau beobachten lässt – sogenannte funktionelle Magnetresonanztomographen (fMRT). Dann ließ Knutson die Testpersonen unter anderem Aktiengeschäfte durchspielen und beobachtete, welche Teile des Gehirns besonders aktiv waren. Es zeigte sich, dass insbesondere das sogenannte »Belohnungssystem« angeregt wurde, das sich auch durch ganz anderes in

Schwung bringen lässt. Die Ergebnisse seiner Experimente fasste der Forscher so zusammen: »Fürs Geld sind im Gehirn die gleichen Schaltkreise zuständig wie für Drogen und Sex.«

Der Vorsprung macht's

Aber Geld setzt auch noch auf vielerlei andere Weise die Rolle des Gehirns als Vernunftorgan außer Kraft. So haben Forscher der Universität Bonn folgendes Experiment unternommen: Sie haben – ähnlich wie ihr amerikanischer Kollege Knutson – Versuchspersonen in Apparate gelegt, um zu beobachten, wie das »Belohnungssystem« im Gehirn auf verschiedene Einflüsse reagiert.

Die Versuchspersonen wurden bezahlt, wenn sie eine Aufgabe richtig gelöst hatten. Zwischen 30 und 120 Euro konnten sie erzielen. Wie zu erwarten war, kam das Belohnungssystem sichtbar in Fahrt, wenn einer der Versuchsteilnehmer etwas richtig gemacht hatte und dafür Geld erhielt. Noch wesentlich stärker in Fahrt kam es aber, wenn die Versuchspersonen sich nicht allein um das Geld bemühten, sondern wenn sie einen Vergleich zu anderen Teilnehmern hatten – und dabei gut abschnitten. Es zeigte sich deutlich: Am größten waren die Glücksgefühle in den Gehirnen der Versuchspersonen, die wussten, dass sie eine höhere Belohnung erhielten als ihre Mitspieler. Ein »Ällebätsch«-Effekt sozusagen.

Diese Erfahrung machen auch die Leute, die in einer Firma entscheiden, wie viel die Mitarbeiter verdienen. Wenn ein Angestellter auf 3000 Euro Monatsverdienst 200 Euro als Zuschlag erhält, dann freut er sich. Das Belohnungssystem in seinem Gehirn kommt in Gang. Wenn er aber erfährt, dass ein Kollege, der bislang ebenfalls 3000 Euro hatte, einen Zuschlag von 400 Euro erhält, dann ist es vorbei mit den Glücksgefühlen. Möglicherweise ärgert sich der Mitarbeiter sogar – obwohl er 200 Euro mehr hat als vorher. Aber er hat eben nicht die 400, die ein anderer dazubekommt.

Das Gleiche dürfte auch für andere Altersgruppen gelten: Ein 15-Jähriger, dessen Taschengeld von 20 auf 25 Euro erhöht wird, freut sich darüber sicherlich. Wenn er erfährt, dass seine Eltern dem Zwillingsbruder 30 statt 20 Euro geben, dürfte es mit der Freude erst mal vorbei sein. Egal ob die Eltern dafür vielleicht einen guten Grund haben.

Das hat nicht unbedingt etwas mit Neid zu tun, der ja als schlechte Charaktereigenschaft gilt. Es liegt vielmehr in der Natur vieler Menschen, sich mit anderen zu vergleichen. (In der Natur vieler *Männer*, muss man einschränkend sagen. Denn ob die Gehirne von Frauen auch so funktionieren, haben die Forscherteams noch nicht abschließend geprüft. Es könnte sein, dass Frauen und Mädchen hier gelassener sind.)

So erklärt sich auch, warum mancher Manager, der eine Million Euro verdient, damit nicht zufrieden ist – obwohl er in diesem Fall 30-mal mehr bekommt als ein durchschnittlicher Arbeitnehmer in Deutschland. Er ist mit diesem Luxusgehalt unzufrieden, weil er weiß, dass andere Firmenchefs zwei Millionen, fünf Millionen oder fünfzig Millionen verdienen. Das Hirn produziert im Zusammenhang mit Geld aber auch ganz andere Verrücktheiten.

Preis nach Zufall

Der amerikanische Forscher Dan Ariely wollte in einem Versuch herausfinden, wie viel Vernunft wirklich im Spiel ist, wenn jemand überlegt, was ein vernünftiger Preis für eine Ware sein könnte. Sein Ergebnis: wenig Vernunft, sehr wenig. So hat er Studenten gebeten, für verschiedene Dinge einen Preis zu nennen, den sie zu zahlen bereit wären. Vorher aber sollten sie auf einen Fragebogen die beiden letzten Ziffern der Sozialversicherungsnummer setzen, die jeder erwachsene Amerikaner zugeteilt bekommt. Der Professor konnte die Studenten auf diese Weise in fünf Gruppen einteilen: Mit den Nummern 00–19, 20–39, 40–59, 60–79 und 80–99.

Was für eine Sozialversicherungsnummer die Studenten haben, ist reiner Zufall. Und weil die Nummer zufällig ist, sollte sie nichts, aber auch gar nichts damit zu tun haben, was für einen Preis die jungen Leute für eine bestimmte Ware bieten.

Tatsächlich aber hat sich gezeigt: Diejenigen, die auf den Fragebogen eine hohe Nummer schrieben (z.B. 80 – 99), boten wesentlich höhere Preise für die Dinge als die Studenten mit einer niedrigen Nummer (z.B. 00 – 19). Für eine schicke schnurlose Computertastatur samt Maus zum Beispiel bot die eine Gruppe im Schnitt 16 Dollar und die andere Gruppe 56 Dollar.

Warum gab es diesen riesigen Unterschied bei den Geboten? Dan Ariely spricht von einem »Anker«, den bestimmte Zahlen im Gehirn setzen. Um Arielys Gedanken zu verstehen, muss man wissen, dass der Mensch schon seit Hunderttausenden von Jahren stets nach Vergleichen sucht, wenn er sich zurechtfinden möchte. Ob sie etwas als groß oder klein ansehen, entscheiden Menschen beispielsweise nach ihrer eigenen Körpergröße. Einen Dackel empfinden sie deshalb als klein – auch wenn ein solcher Hund im Vergleich zu einer Stubenfliege oder einer Ameise riesig ist.

Auch wenn Menschen entscheiden wollen, ob etwas billig oder teuer ist, suchen sie einen Vergleich. Denn genau das ist in ihrem Hirn einprogrammiert: einen Maßstab suchen. Wenn sie gerade keine andere Vergleichszahl haben und man ihnen ihre Sozialversicherungsnummer anbietet, dann nehmen sie eben die. Auch wenn das – mit etwas Vernunft betrachtet – völliger Blödsinn ist.

Wenn allerdings ein anderer, vergleichbarer Preis einer echten Ware zur Verfügung steht, dann nehmen die Menschen gern den. Wenn man das weiß, versteht man besser, warum ein Möbelhaus damit Werbung macht, dass man dort ein Pfund Markenkaffee für 1,99 Euro kaufen kann. Kaffee und Möbel haben zwar wenig miteinander zu tun. Doch die meisten Leser wissen, dass Kaffee eher 3 bis 5 Euro kostet – also macht es in ihrem Gehirn »Klick«, und die Botschaft wird gespeichert: »Der Laden ist aber billig!«

Immerhin: Gerechtigkeit zählt

Die Experimente, die Wissenschaftler in den vergangenen Jahren über die Unvernunft im Umgang mit Geld gemacht haben, brachten aber auch ein paar Ergebnisse, die man als tröstlich empfinden kann. Beim sogenannten Vertrauensspiel (oder »Trust Game«) gibt es zwei Mitspieler. Der eine (Spieler A) erhält eine bestimmte Summe. Er muss einen Teil davon jedoch an einen anderen (Spieler B) abgeben. Nur dann, wenn Spieler B seinen Anteil für in Ordnung hält, dürfen beide das Geld behalten. Wenn B sagt, dass A ihm zu wenig abgeben will, dann bekommen beide nichts.

Jetzt sollte man denken, dass Spieler B immer »Ja« sagt. Denn wenn Spieler A beispielsweise zehn Euro bekommt, aber nur 50 Cent abgeben will, dann ist das zwar wenig; doch wenn Spieler B diese 50 Cent verweigert, erhält er null Cent – was das schlechteste denkbare Geschäft ist. Tatsache ist aber, dass die B-Spieler das »Trust Game« fast immer platzen lassen, wenn der Anteil, den sie bekommen sollen, eine bestimmte Schwelle unterschreitet. Mal wird alles, was unter 50 Prozent liegt, als ungerecht empfunden, mal begnügen sich die Mitspieler mit 20 Prozent – aber irgendwann sagt fast jeder: »Lieber kriege ich gar nichts als diesen ungerechten Anteil!«

Beim Umgang mit Geld tut sich also jeder Einzelne schon schwer, einigermaßen bei Verstand zu bleiben. Wenn Dutzende, Tausende oder gar Millionen Menschen gemeinsam mit Geld zu tun haben, wird die Sache oftmals endgültig unkontrollierbar. Dann kann es chaotisch zugehen wie in einer stürmischen Meeresbrandung. Wobei es allerdings genug Leute gibt, die auch auf den halsbrecherischsten Wellen einer solchen Brandung noch reiten können – und dabei reich werden, sehr reich.

Wie man Milliardär wird: Modell »Spekulant«

Oder: Die magische Kraft des Geldes

Die meisten Milliardäre haben die Hilfe vieler anderer Menschen gebraucht, um reich zu werden. Die Aldi-Eigentümer Karl und Theo Albrecht hätten es ohne Tausende Kassiererinnen, Lkw-Fahrer oder Lagerarbeiter zu nichts gebracht (siehe Kapitel 1). Die Großaktionärin Susanne Klatten bleibt nur so lange reich, wie in den Fabriken von BMW, Altana oder Nordex Tausende Männer und Frauen jeden Tag arbeiten (siehe Kapitel 2). Auch der Microsoft-Gründer Bill Gates wäre ohne die Angestellten von Microsoft nicht weit gekommen (siehe Kapitel 3).

Man kann jedoch auch ganz allein Milliardär werden. Oder zumindest fast ganz allein. Praktisch ohne die Mitarbeit anderer zum Milliardär aufzusteigen, klappt aber nur in einem Bereich: beim Spekulieren. Ein bemerkenswertes Beispiel dafür ist John Paulson. Der Amerikaner kommt aus keiner sonderlich reichen Familie, aber er wird seinen Kindern wahrscheinlich Milliarden hinterlassen. Für das Jahr 2010 hat die US-Zeitschrift »Forbes«

sein Vermögen auf zwölf Milliarden Dollar geschätzt (in Ziffern: 12 000 000 000) oder 8 800 000 000 Euro. Allein im Jahr 2007 hat er schätzungsweise 2,9 Milliarden Euro Gewinn eingestrichen.

Paulson verfolgt dabei eine Geschäftsidee, die simpel klingt. Er überlegt, wie sich bestimmte Preise entwickeln könnten. Und dann wettet er auf die Preisentwicklung, die er erwartet. Er nutzt also die Tatsache aus, dass die moderne Finanzwelt in vielerlei Hinsicht nicht anders funktioniert als ein Spielcasino.

Blumenkäufer im Wahn

Die einfachste Form der Spekulation ist schon jahrtausendealt. Ein Spekulant geht davon aus, dass der Preis einer bestimmten Ware ansteigt. Also kauft er diese Ware heute ein. Wenn einige Tage, Wochen oder Monate später der Preis gestiegen ist, verkauft er sie wieder – und hat ordentlich Gewinn gemacht. Heikel wird die Sache, wenn eine sogenannte »Spekulationsblase« entsteht. Und das geschieht immer wieder, seit vielen Jahrhunderten. Wie wahnwitzig solche »Blasen« sein können, das hat sich vor rund vierhundert Jahren in einem besonders erstaunlichen Fall gezeigt.

Ist es vorstellbar, dass man für eine einzige Blumenzwiebel so viel bezahlt, wie ein Handwerker in zwanzig Jahren Arbeit verdient? Anfang des 17. Jahrhunderts ist genau das in den Niederlanden passiert: Für eine einzelne Tulpenzwiebel wurden Preise gezahlt, die einem halben Lebensgehalt entsprachen. Als »Tulpenwahn« oder »Tulpomanie« ist dieses kollektive Durchdrehen in die Geschichtsbücher eingegangen.

Es fing damit an, dass Reisende einige Tulpenzwiebeln aus

ihrer ursprünglichen Heimat in Asien nach Holland brachten. Die Tulpen waren also zum einen seltene Pflanzen. Zum anderen wurden sie bald als etwas Begehrenswertes betrachtet, Form und Farben ihrer Blüten waren damals in den Niederlanden etwas ganz Neues. Gleichzeitig waren zu dieser Zeit etliche Holländer zu beträchtlichem Wohlstand gekommen. Reich geworden waren sie vor allem, indem sie Waren aus Asien nach Europa brachten.

Der erste Multi

Internationale Großkonzerne gibt es schon länger, als man denkt. Eines der ersten Unternehmen, die den Titel »multinationaler Konzern« verdienen, wurde schon 1602 gegründet: die niederländische Ostindien-Kompanie. Sie organisierte Schiffsexpeditionen unter anderem ins heutige Indonesien, nach Indien oder auch nach Japan. Die Holländer schafften es viele Jahrzehnte lang, sich die mit Abstand wichtigste Rolle im Transport von Gewürzen, Tee, Kaffee, Seide oder Baumwolle zu sichern. Globalisierung gab es also auch schon im Zeitalter der Segelschiffe. Modern war auch die Art der Geldbeschaffung. Der Besitz an der Kompanie wurde in Anteile gestückelt, die auch gehandelt werden konnten. Das niederländische Wort dafür – »actie« – ist in der deutschen »Aktie« leicht erkennbar.

Um ihren Wohlstand zu zeigen, legten die reichen Holländer um ihre Häuser herum prächtige Gärten an. Ihr Vorbild waren die Fürsten Europas, die nicht nur mit Schlössern, sondern auch mit Schlossparks protzten. Als besondere Zierde für solche Gärten galten Tulpen.

Es gab also das, was man Kaufkraft nennt. Und die traf auf eine begehrte Ware. Dass der Preis dieser Ware stieg, ist also erst mal nicht weiter verwunderlich. Doch der Preisanstieg beschleunigte sich nach kurzer Zeit so sehr, dass viele Menschen hofften, Nutzen daraus schlagen zu können. Bald wurden nicht nur die Zwiebeln selbst gehandelt. Sondern es wurde auch das Recht verkauft, Zwiebeln zu ernten, die erst in einigen Monaten aus Tulpen, die es schon gab, wachsen würden. Grundlage war stets die Erwartung, dass die Preise immer weiter stiegen. Und einige Jahre lang war es auch so: Wer Tulpenzwiebeln kaufte (oder auch nur das Recht auf den Kauf von Tulpenzwiebeln), konnte kurz darauf diesen Einkauf mit Gewinn wieder losschlagen. Das Ganze steigerte sich, bis eine einzelne Zwiebel eben ein Vielfaches dessen kostete, was ein Handwerker im Jahr verdiente.

Am Ende allerdings platzte die »Blase«. Irgendwann gelang es nicht mehr, noch höhere Preise zu erzielen. Panik brach aus. Alle wollten ihre Tulpenzwiebeln oder Zwiebel-Rechte losschlagen. Die Preise sackten innerhalb kürzester Zeit ins Bodenlose.

»Mehrere Jahresgehälter für eine Tulpenzwiebel – das konnte ja nicht gut gehen«, so könnte man heute mit einem mitleidigen Kopfschütteln über die längst verstorbenen Holländer des 17. Jahrhunderts sagen: »Was für Dummköpfe.«

Doch man sollte vorsichtig sein mit solchen Vorwürfen. Denn in den Köpfen der Holländer des 17. Jahrhunderts passierte das

Gleiche, was auch heute noch in den Köpfen vieler Menschen passiert, wenn sie hoffen, an viel Geld kommen zu können: Es werden Teile des Gehirns in Gang gesetzt, die auch von Sex oder Drogen in Fahrt gebracht werden (siehe Kapitel 6). Die Vernunft kommt dann schnell unter die Räder, damals wie heute.

Außerdem war es nicht unbedingt dumm, was die Tulpenzwiebelkäufer des 17. Jahrhunderts taten. Zumindest nicht aus der Sicht jedes Einzelnen im jeweiligen Moment. Einige Zeit ließ sich mit den Zwiebeln ja Geld verdienen. Geld, mit dem sich andere angenehme Dinge finanzieren ließen. Wenn man eine Handvoll Zwiebeln heute für den Gegenwert einer Ziege einkauft und sie einen Monat später für den Gegenwert eines ganzen Hauses wieder losbekommt, was sollte daran unklug sein? Dumm ist die Sache erst für diejenigen, die kurz vor dem Platzen der Blase darauf setzen, dass sich die Blase weiter aufbläht. Wer den Gegen-

wert eines Hauses für eine Handvoll Tulpenzwiebeln ausgibt, kurz darauf aber nur noch den Gegenwert eines Bleistifts für die Zwiebeln bekommt, der dürfte sich tatsächlich wie ein Idiot fühlen.

Das Blubbern der Blasen

Mitverdienen wollen, wenn viele verdienen – dieses Verhalten ist seit dem Tulpenwahn nicht ausgestorben. Das hat unter anderem die »New-Economy-Blase« gezeigt, die sich um das Jahr 2000 aufblähte. Ein typisches Beispiel für Unternehmen, die behaupteten, sie würden die Wirtschaft komplett neu erfinden (daher der Begriff »New Economy«) ist die Firma Intershop. Im Jahr 1992 taten sich im thüringischen Jena ein paar junge Leute zusammen und gründeten ihre eigene Softwarefirma. An Ehrgeiz mangelte es ihnen nicht. Sie wollten »so etwas wie Microsoft aus Deutschland« werden, ließ sich der Intershop-Geschäftsführer Michael Tsifidaris in einem Interview zitieren. 1998 brachten die Intershop-Gründer ihr Unternehmen an die Börse, sie teilten also den Besitz an der Firma auf und verkauften ihn an alle, die Anteile haben wollten. Und das wollten sehr viele. In den Jahren 1998 und 1999 kannten die Kurse an den Börsen nur eine Richtung: aufwärts. Und bei der Intershop-Aktie ging es besonders steil aufwärts. Wer Ende 1999 für 10 000 Euro Anteile der Firma kaufte, der konnte ein paar Monate später seine Aktien für 100 000 Euro verkaufen – und 90 000 Euro Gewinn einstreichen.

Er musste die Aktien allerdings rechtzeitig wieder verkaufen. Denn ab Frühjahr 2000 ging es mit dem Aktienkurs steil bergab.

Nach ihrem Höchststand verlor die Aktie innerhalb weniger Monate mehr als 99 Prozent ihres Wertes. Die Deutsche Schutzvereinigung für Wertpapierbesitz hat ausgerechnet: Wer am 31.12.2000 Intershop-Aktien im Wert von 10000 Euro gekauft hatte, dem blieb fünf Jahre später noch ein Wert von 26 Euro und 83 Cent. Die restlichen 9973,17 Euro waren futsch.

Was Tulpen und Aktien gemeinsam haben

Die holländischen Tulpen des 17. Jahrhunderts und die Aktien, die die Firma Intershop knapp 400 Jahre später verkaufte, haben eines gemeinsam. Es ging ziemlich bald nicht mehr im Geringsten um die Frage, wozu Tulpenzwiebeln oder Intershop-Aktien da sein könnten. Bei den Tulpen war einmal klar gewesen: Sie sollten Gärten und Parks verschönern. Auch hinter Aktien stand einmal eine recht bodenständige Grundüberlegung: Jemand hat Geld übrig und denkt, dass es eine gute Idee wäre, dieses Geld in eine

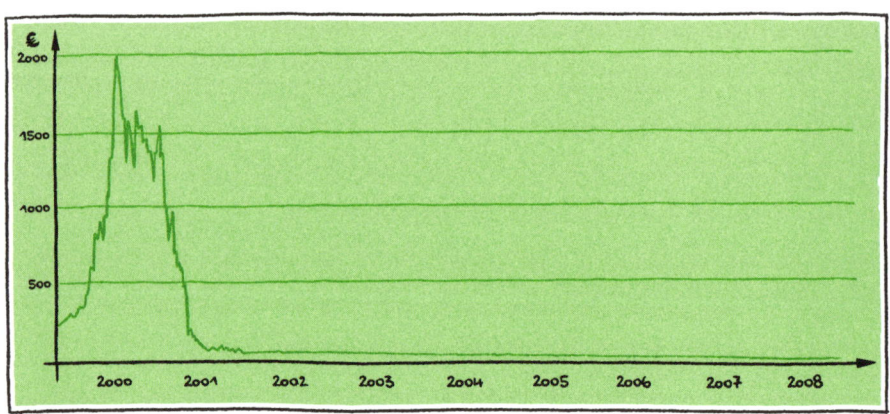

Nach: www.cortalconsors.de

Firma zu stecken. Die Firma wiederum nimmt das Geld gern an, denn sie kann damit neue Geräte kaufen oder mehr Personal bezahlen. Auf diese Weise erwirtschaftet die Firma Überschüsse. Der Aktionär wiederum bekommt jährlich einen Anteil dieser Überschüsse ausgeschüttet, die Dividende (siehe auch Kapitel 2). Außerdem steigt der Preis seiner Aktien, wenn die Firma, an der er Anteile besitzt, viele Anleger überzeugt. Denn dann wollen viele Käufer die Aktien haben und sind entsprechend bereit, höhere Preise dafür zu zahlen.

Mit der Idee »Anleger-gibt-Geld-an-Firma-damit-die-gute-Arbeit-leisten-kann« hatte das Beispiel Intershop allerdings nichts zu tun. Die Firma hatte nie etwas komplett Außergewöhnliches zu bieten. Sie mag ordentliche Software entwickelt haben. Doch ein Programm, das die Welt verändert hätte, war nicht dabei. Sie hat auch nie nennenswerte Gewinne gemacht, die sie ihren Aktionären hätte auszahlen können. Die Aktie galt nur einfach irgendwann als »heiß«. Deshalb wollten immer mehr Käufer sie haben. In der Folge stieg ihr Preis. Dadurch galt sie als immer heißer. Bis die Sache kippte.

In der Fantasiewelt des Geldes

Darauf zu setzen, dass Preise steigen, ist die einfachste Art der Spekulation. Echte Könner unter den Spekulanten beherrschen aber noch ganz andere Techniken. Der oben bereits erwähnte John Paulson beispielsweise hat Milliarden verdient, weil er darauf setzte, dass bestimmte Preise *sinken*. Und zwar nicht die Preise irgendwelcher Waren oder Aktien, sondern die Preise von

Kreditpaketen. Um halbwegs zu verstehen, wie das funktioniert, muss man in die Zauberwelt des modernen Geldes eintauchen. Denn Geld ist schon seit Langem nicht nur das, womit man bezahlt. Es ist auch ein Fantasieprodukt. Ein Fantasieprodukt jedoch mit ganz realen Auswirkungen auf den weniger fantastischen Teil der Welt.

Um hochkomplizierte Dinge zu verstehen, ist es manchmal gut, sich erst mal ganz dumm zu stellen. Und die Frage zu stellen: Warum gibt es überhaupt Geld? Kurzes Nachdenken macht klar: Es ist praktischer als das jahrtausendelang übliche Tauschen von Waren. Nehmen wir an, ein Jäger kam vor ein paar tausend Jahren mit einem erlegten Reh aus dem Wald. Er hatte also Wild im Angebot. Er selbst brauchte aber vielleicht ein Paar neue Schuhe und ein Dutzend getöpferte Becher. Was konnte er tun? Sollte er jemandem, der sich aufs Schuhemachen verstand, die vordere Hälfte des Rehs anbieten? Sollte er dann mit den beiden Hinterläufen des Rehs zu einem Töpfer gehen, um sie gegen Becher einzutauschen? Was aber, wenn der Schuster gern die Hinterläufe wollte, gleichzeitig aber auch den Kopf des Rehs? Kein Zweifel: Tauschen ist vertrackt.

Durch die Erfindung des Geldes vor etwa dreieinhalbtausend Jahren wurde die Sache einfacher. Man kann sich zum Beispiel darauf einigen, beim Tauschen seltene Muscheln zwischenzuschalten. Nehmen wir an, der Jäger findet jemanden, der ein Fest mit Freunden feiern will und fürs Abendessen ein ganzes Reh braucht. Der Gastgeber zahlt dem Jäger dafür 20 seltene Muscheln. Für den Fall, dass der Schuhmacher acht Muscheln für ein Paar Schuhe verlangt und der Töpfer eine Muschel je Becher, kann sich der Jäger für seine 20 Muscheln genau das besorgen, was er möchte. Er könnte es sich aber auch anders überlegen und das Geld, das er für sein Reh bekommt, ein paar Wochen, Monate oder gar Jahre aufheben. Mit einem toten Tier wäre das schwierig.

Von der Muschel zum Online-Konto

Die Erfindung des Geldes brachte also eine ganze Reihe von Vorteilen. Dafür musste Geld einige Bedingungen erfüllen. Es musste halbwegs beständig sein. Eiszapfen als Geld zu verwenden, bringt spätestens im Frühling Probleme mit sich. Und es musste selten sein. Das Beispiel der Muscheln in der Geschichte vom Jäger und seinem Reh ist dabei gar nicht abwegig. In Ostasien oder auch Afrika verwendete man jahrhundertelang bestimmte Muscheln mit dem Namen Kauri als Zahlungsmittel. In Europa waren vor allem seltene Metalle beliebt. Zunächst wurden Gold oder Silber abgewogen, um sie gegen etwas einzutauschen. Die alten Griechen fingen dann vor etwa 2700 Jahren an, Metalle zu Münzen zu prägen. Geldscheine begannen sich in Europa hingegen erst vor rund 300 Jahren durchzusetzen, in China waren sie schon etwa 1000 Jahre länger bekannt. Die Chinesen hatten es nämlich schon früher als die Europäer geschafft, Geldscheine so herzustellen, dass Fälscher sie nur mit Mühe nachmachen konnten.

Denn es galt ja weiterhin: Weil das, was man kaufen kann (Waren und Dienstleistungen), nie in unbegrenzter Menge zur Verfügung steht, muss auch Geld selten sein. Knappen Gütern muss eine begrenzte Menge Geld gegenüberstehen. Mit Sandkörnern bezahlen zu wollen, ergibt keinen Sinn. Und auch das Bezahlen mit bedrucktem Papier ergibt nur dann Sinn, wenn der Staat dafür sorgt, dass lediglich eine bestimmte Menge Papier durch Bedrucken zu Geld gemacht wird.

Die Erfindung des Geldes hat also einige Probleme gelöst, die die Tauschwirtschaft jahrtausendelang mit sich brachte. Geld ist ein Schmiermittel, das dafür sorgt, dass der Austausch verschiedenster Dinge halbwegs rundläuft. Die Erfindung des Geldes hat aber noch etwas anderes möglich gemacht, das wesentlich folgenreicher war: Geld lässt sich verleihen.

Natürlich lassen sich auch Waren verleihen. Aber wenn beispielsweise ein Kaufmann im Mittelalter eine Handelsreise in ferne Länder starten wollte, dann hätte er sich schwergetan, ganze Schiffe samt Besatzung auszuleihen. Funktionieren konnte die Sache insbesondere dann, wenn es ihm gelang, sich von anderen Leuten Geld geben zu lassen gegen das Versprechen, es ihnen zurückzuzahlen – plus einen Zuschlag, damit es sich für die Verleiher auch lohnte, ihr Geld herzugeben. Mit diesem von mehreren

Verleihern geborgten Geld ließ sich dann eine Schiffsexpedition durchaus finanzieren. Und tatsächlich hat vor allem der Handel mit entfernten Ländern ab dem Mittelalter die Entstehung des modernen Bankwesens vorangebracht.

Von der Holzbank zur Großbank: Erstaunliche Wortgeschichten

Der Begriff »Bank« war anfangs wörtlich zu nehmen. Geldwechsler und Geldverleiher saßen unter freiem Himmel auf Bänken. Auf den Tischen, die vor diesen Bänken standen, wickelten sie ihre Geschäfte ab. In Italien sprach man ab dem Mittelalter daher von der »banca«, wenn es um den Ort ging, an dem Geld bewegt wurde. Einen sehr handfesten Hintergrund hat auch der Begriff »Bankrott«. Wenn die frühen Finanzjongleure ihren Verpflichtungen nicht nachkamen, konnte es geschehen, dass erboste Kunden Tisch und Bank zerschlugen. »Banca rotta« heißt auf Italienisch nichts anderes als »zerbrochene Bank«.

Lange Zeit spielten im Bankwesen Münzen aus Edelmetall eine wichtige Rolle. Doch die Erfahrung, die Dagobert Duck immer wieder aufs Neue macht, haben auch Geschäftsleute im Mittelalter schon gemacht: Edelmetall-Münzen sind unpraktisch. Sie in großen Mengen zu transportieren, ist aufwendig. Und die Gefahr, dass sie gestohlen werden, ist gewaltig. Das gilt für die ewige Belagerung des Duck'schen Geldspeichers in Entenhausen durch die Panzerknacker genauso wie für Goldvorräte von Privatleuten oder Banken in der wirklichen Welt.

Schon im Mittelalter wurden deshalb sogenannte »Wechsel« erfunden. Diese auf Papier aufgeschriebenen Zahlungsversprechen konnte jeweils nur ein bestimmter Handelspartner wieder gegen Geld einlösen. Räuber hingegen konnten damit in der Regel nichts anfangen. Damit beschleunigte sich eine Entwicklung, die schon mit der Erfindung des Muschel- oder Münzgeldes begonnen hatte: Der Besitz von Geldkapital trennte sich vom Besitz realer Güter. Es begann das Zeitalter des Kapitalismus, in dem das Hin- und Herfluten von Geld die Wirtschaft prägt. Damit waren endgültig die Zeiten vorbei, in denen das Wort »Kapital« mit Dingen zu tun hatte, die man anfassen konnte, wie Ackerboden, Viehherden oder Maschinen.

Der Kuhkopf im Kapital: noch eine erstaunliche Wortgeschichte

Am Anfang des Kapitalismus steht die Kuh. Denn in dem Wort »Kapital« steckt das italienische Wort »capitale«, mit dem die Größe einer Viehherde beschrieben wurde. Und darin wiederum steckt das lateinische Wort »caput« für »Kopf«. Denn wie groß eine Viehherde ist, lässt sich durch das Zählen der Köpfe genau bestimmen.

Das Eigenleben des Geldkapitals hat sich immer weiter beschleunigt, ganz besonders im 20. und 21. Jahrhundert. Wenn ein Wechsel schon wesentlich leichter hin- und herbewegt werden konnte als Säcke voller Münzen, dann ist Geld in den Zeiten des Internet endgültig *flüssig* geworden. Heute kann Geld, und damit Kapital, mit wenigen Mausklicks über den ganzen Globus rasen – von der Überweisung aufs Girokonto über die Bezahlung mit PayPal bis zur milliardenschweren Finanztransaktion von Großbanken oder Großspekulanten.

Eine kleine Erfindung mit großen Folgen: der Kredit

Das Geldkapital hat sich aber auch in anderer Hinsicht vom Kuhkopf, der in diesem Begriff steckt, losgelöst und dadurch wundersame Kräfte entwickelt. Das Zauberwort, um diese Kräfte freizusetzen, lautet *Kredit*. Auch bei diesem Begriff ist die Herkunft aufschlussreich. Das italienische Wort »credere«, das im Kredit steckt, heißt »glauben«. Denn darum geht es: Der Kreditgeber *glaubt* daran, dass der Kreditnehmer ihm das Geld wieder zurückgibt – irgendwann später.

Beim Kredit geht es also nicht nur um die Gegenwart, sondern auch um die Zukunft. Ein Kredit heißt: »Ich glaube daran, dass du es schaffst, Werte zu schaffen.« Im Gegenzug für dieses Vertrauen zahlt derjenige, der einen Kredit bekommt, üblicherweise Zinsen an den, der ihm den Kredit gewährt. Weil der eine es dem anderen ermöglicht, Werte zu schaffen, gibt der andere dem einen etwas von diesen Werten ab. Oder weniger romantisch gesehen: Derjenige, der Geld übrig hat, hat damit auch die Macht zu entscheiden, ob er es verleihen möchte oder nicht. Und damit wiederum hat er die Macht, Zinsen zu verlangen. Dass jemand diese Macht ausnützt, galt in christlichen Ländern früher als anrüchig. Im Islam gelten Zinsen noch heute als unsittlich (siehe auch Kapitel 16).

Egal wie man zu Zinsen steht: Mit dem Geld, das ein Schuldner durch einen Kredit erhält, kann dieser Schuldner hier und heute Dinge und Dienstleistungen kaufen. Er kann das Geld also ausgeben, investieren. Und er kann damit Neues entstehen lassen. Damit erklärt sich auch zum Teil, warum die Menschen ihre Wirtschaftsleistung seit dem Mittelalter um ein Vielfaches schneller gesteigert haben als jemals zuvor in der Menschheitsgeschichte.

Der Fortschritt in Technik und Wissenschaft hat zu diesem rasanten Wirtschaftswachstum viel beigetragen, ebenso wie die Arbeitsteilung und Spezialisierung verschiedener Berufsgruppen. Ganz wesentlich zur zeitweise geradezu explosionsartigen Steigerung der Wirtschaftsleistung beigetragen hat aber auch das Hin- und Herfließen des Kapitals. Kapital, das oftmals nichts anderes ist als der Glaube daran, dass an einer bestimmten Stelle im Wirtschaftssystem Werte geschaffen werden können. Denn an diese Stelle lassen die Kapitalbesitzer ihre Mittel fließen – um etwas von den neu geschaffenen Werten abzubekommen.

Der verhängnisvolle Glaube ans unbegrenzte Wachstum

»Die Wirtschaft wächst nicht mehr« – Firmenchefs, Politiker oder auch Gewerkschafter werden vor Schreck bleich, wenn sie diesen Satz hören. Noch schlimmer: Die Wirtschaftsleistung schrumpft. Im Fachjargon: Die Konjunktur rutscht in die Rezession. Das aber bedeutet: Arbeitsplätze werden massenhaft gestrichen. Tausende Menschen verlieren ihren Lebensunterhalt, geraten gar in Armut. Ein Grund dafür: Firmen, die nicht jedes Jahr mehr Gewinn machen, stellen ihre Kapitaleigner (wie z.B. Aktionäre) nicht zufrieden. Und das darf nicht sein. Also müssen jedes Jahr mehr Autos oder Handys zusammengeschraubt, mehr Pillen gedreht, mehr Häuser gebaut werden. Der gesunde Menschenverstand wirft da spontan die Frage auf: Kann das überhaupt gehen, dass etwas ohne Pause wächst – und nie damit aufhört? Können die Menschen jedes Jahr mehr Autos vor ihre immer größeren Häuser stellen? Die Antwort des gesunden Menschenverstandes: Das geht natürlich nicht. In der modernen Wirtschaft gelten allerdings nicht die Regeln des gesunden Menschenverstandes, sondern die Regel: Wachstum muss sein. Stillstand heißt Rückschritt. Denn Kapital fordert Rendite. Aus 100 Euro müssen 105 werden. Aus 105 Euro müssen 110 werden. Die Wirtschaft sei wie ein Flugzeug, so lautet die Idee dahinter. Wenn es nicht vorwärtskommt, stürzt es ab. Die Wahrheit aber ist: Letztlich gibt es keinen wirklich vernünftigen Grund, warum die Wirtschaft ohne Pause auf diese Weise wachsen sollte. Vielmehr ist der Zwang zum Wachstum in der heutigen Form eine Übereinkunft unter denen, die im Wirtschaftsleben etwas zu sagen haben. Ähnlich wie diejenigen, die beim Texteschreiben etwas zu sagen haben, einmal übereingekommen sind, dass im Deutschen alle Hauptwörter groß geschrieben werden. Mit einem Unterschied: Die Großschreibungs-Übereinkunft tut keinem ernsthaft weh. Die Wachstums-Übereinkunft hingegen ruiniert die Erde. Denn so wie »Wachstum« heute verstanden wird, bedeutet es: Es wird jedes Jahr mehr Energie verbraucht. Mehr Eisen. Mehr Kupfer. Mehr sauberes Wasser. Nur wird irgendwann nicht bloß das letzte Erdöl verbraucht sein, sondern auch das letzte Eisen- oder Kupfererz. Die Menschheit wird also so oder so irgendwann einen Weg finden müssen, auf eine Weise zu wirtschaften, dass keine Rohstoffe mehr vernichtet werden: Nichts anderes heißt »Nachhaltigkeit«. Der Weg dahin ist weit. Aber wie es aussieht, muss er gegangen werden (siehe auch Kapitel 15–21).

Wo das Geld herkommt

Das Verleihen von Geld hat aber noch eine weitere enorm wichtige Funktion. Durch das Ausgeben von Krediten wird jeden Tag Geld sozusagen »neu gemacht«. Es klingt wie Zauberei, aber genau so ist es: Wenn Banken Kredite vergeben, schaffen sie Geld, das es vorher nicht gegeben hat. Das tun zum einen die Zentralbanken oder Notenbanken. In der Europäischen Union oder auch den USA sind sie offiziell unabhängig vom Staat. Aber der Staat hat ihnen wichtige Aufgaben übertragen. So haben die Notenbanken allein das Recht, Geldscheine zu drucken und Münzen zu prägen. Sie haben aber auch das Recht, Geld (das es in der Regel nur im Computer gibt) an private Banken oder Sparkassen zu verleihen. So entsteht Geld, das es vorher nicht gab.

Doch auch eine Postbank, eine Sparda-Bank oder eine Sparkasse – die keine staatlichen Banken sind – kann Geld neu schaffen: Sie müssen zwar immer über eine gewisse Summe Geld verfügen, das sie sich von anderer Stelle besorgen – etwa von den Zentralbanken. Aber auch sie können darüber hinaus neues Geld erschaffen, indem sie Kredite vergeben. Durch Rückzahlungen solcher Kredite wird Geld zwar auch wieder vernichtet. Aber in den westlichen Marktwirtschaften werden üblicherweise stets mehr Kredite ausgegeben als zurückgezahlt. Die *Geldmenge* wächst also.

Wenn zu viel Geld »erfunden« wird – Inflation

Zur Marktwirtschaft gehört dazu, dass Preise steigen. So können zum Beispiel Hausbesitzer höhere Mieten durchsetzen, wenn ihre Häuser in besonders beliebten Gegenden stehen. Gleichzeitig wird anderes aber auch billiger. Die Preise für Computer sind in den vergangenen Jahren dramatisch gesunken, weil die Herstellerfirmen ihre Produktivität (siehe Kapitel 2) verbessert haben. Die sogenannte »Teuerungsrate«, von der immer wieder berichtet wird, ist daher ein Durchschnittswert. Wenn die Preise im Schnitt um ein oder zwei Prozent pro Jahr steigen, macht das keine Schwierigkeiten, weil in der Regel auch die Einkommen und Renten mindestens im gleichen Tempo steigen. Wenn das der Fall ist, entspricht die Geldmenge, die durch das »Erfinden« neuen Geldes entsteht, einigermaßen dem, was es auch an wirklichen Werten in einer Gesellschaft gibt. Probleme gibt es, wenn zu viel Geld geschaffen wird. Nach dem Ersten Weltkrieg hatte der deutsche Staat beispielsweise hohe Schulden. Denn die Sieger des Krieges verlangten von Deutschland als Verlierer gewaltige Zahlungen. Um sie zu begleichen, schuf Deutschland einfach neues Geld. Dadurch wurde die Geldmenge aufgepumpt. Es folgte eine Inflation. Nichts anderes als »aufblasen« heißt das lateinische Wort »inflare«, von dem sich der Begriff »Inflation« ableitet. Es war von Tag zu Tag mehr Geld da, das einer gleichbleibenden Menge an Waren entsprechen sollte. Dadurch konnten Verkäufer von Waren und Dienstleistungen höhere Preise verlangen, denn es war ja mehr Geld im Umlauf. Bald *mussten* sie sogar deutlich mehr verlangen, denn auch Rohstoffe oder Mieten wurden teurer. Eine schwindelerregende, teuflische Spirale kam in Gang. Jeder verlangte von jedem immer mehr Geld. Und die Banken brachten immer mehr Geld in Umlauf. Doch dieses Geld wurde täglich weniger wert. Wer Anfang Dezember 1923 ein einzelnes Ei kaufen wollte, musste dafür 320 Milliarden Reichsmark zahlen. Die Teuerungsrate in dieser Zeit der »Hyperinflation« betrug bis zu 30 000 Prozent – im Monat. Zum Vergleich: In den Ländern, in denen mit Euro bezahlt wird, lag die Jahresteuerung seit Einführung der Gemeinschaftswährung mal bei 3 Prozent, auch mal bei 0,5 Prozent – aber immer in der Nähe von 2 Prozent, die sich die Europäische Zentralbank (EZB) als Ziel gesetzt hat.

Die gefährliche Lizenz zum Geldverdienen

Weil private Banken und Sparkassen Geld neu »machen« können, haben sie in der modernen Wirtschaft eine ausgesprochen wichtige Funktion. Es ist aber zugleich eine sehr machtvolle Position. Dass die Macht so groß ist, dafür trägt auch die Politik die Verantwortung. Denn sie bestimmt, in welchem Umfang Banken und Sparkassen neues Geld schöpfen dürfen. Auf diese Weise legt die Politik den Rahmen dafür fest, wie viel die Banken mit dem Geldschöpfen verdienen können.

Im Geltungsbereich der Euro-Währung dürfen die Banken und Sparkassen 50-mal mehr Geld verleihen, als sie sich selbst vorher von anderer Stelle besorgt haben. Wenn sich eine Bank 100 Euro besorgt, kann sie also 5000 Euro weiterreichen. Nehmen wir nun an, die Kreditinstitute beschaffen sich Geld zu einem Zinssatz von drei Prozent und reichen es zu einem Zinssatz von vier Prozent weiter. Die Zinsen, die die Banken einnehmen, liegen also um einen *Prozentpunkt* höher als die Zinsen, die sie selbst zahlen. Weil auf dem Geldmarkt aber nicht in Hundertersummen, sondern in ganz anderen Größenordnungen gerechnet wird, fällt auch der Gewinn entsprechend aus, den die Banken durch diesen Zinsunterschied erzielen. In diesem Fall können die Banken allein durch das »Geld-Erfinden« beim Kredite-Vergeben 90 Milliarden Euro im Jahr verdienen, so hat es die Zeitung »Handelsblatt« berechnet. In Ziffern: 90 000 000 000. Einfach so.

Der größte Teil des Geldes, das jeden Tag neu »erfunden« wird, liegt dabei nicht als Scheine und Münzen in Geldbeuteln und Tresoren. Es schwebt vielmehr wie eine Gedankenwolke über dem, was Menschen, die wirtschaften, tatsächlich tun: Autos zusammenschrauben, Computerprogramme entwickeln, Kranke pflegen, Kühe züchten und so weiter. Und dieses sogenannte Finanzkapital ist in den vergangenen Jahren so schnell angewachsen wie noch nie in der Geschichte der Menschheit. Es gibt Berechnungen, wonach die Geld-Gedanken-Wolke viermal größer ist als die sogenannte »Realwirtschaft«, über der diese Wolke schwebt. Das heißt: Wenn alle, die Geld in Wertpapieren stecken oder auf Konten herumliegen haben, sich davon reelle Häuser, Autos, Schiffe oder auch Haarschnitte kaufen wollten, dann könnten sie davon viermal das kaufen, was die Wirtschaft der ganzen Welt in einem Jahr leistet.

Es hat nichts mit Naivität zu tun, wenn man dabei ein mulmiges Gefühl bekommt. Besonders mulmig wird dieses Gefühl, wenn man sich vor Augen führt, dass das »reale« Werte-Schaffen und der Fluss des Kapitals immer weniger miteinander zu tun haben. Dadurch können Situationen entstehen, in denen Menschen in kurzer Zeit Milliarden einstreichen. Es können aber auch Situationen entstehen, in denen Menschen keinen anderen Ausweg als Selbstmord sehen, weil sie Unsummen verloren haben.

Wetten in Milliardenhöhe

Ein Beispiel für jemanden, der sich in der modernen Finanzwelt tödlich verheddert hat, ist Adolf Merckle. Der 1934 geborene Unternehmer hat über viele Jahre hinweg ein riesiges Reich von Firmen aufgebaut. Unter anderem gehörten ihm der Pharmakonzern Ratiopharm und der Baustoff-Hersteller Heidelberg Cement. Für das Jahr 2008 schätzte die US-Zeitschrift »Forbes« sein Vermögen auf knapp zehn Milliarden Euro. Durch Aktienspekulationen verlor er allerdings mehrere hundert Millionen, möglicherweise sogar mehr als eine Milliarde Euro. Sein Firmenimperium geriet ins Wanken. Merckle beging am 5. Januar 2009 Selbstmord, indem er sich vor einen Zug warf.

Die Spekulationen, mit denen Merckle rund eine Milliarde verlor, haben einen unverdächtigen Namen: »Leerverkauf.« Dahinter steht eine Konstruktion, die Geld und Kapital endgültig zum Fantasieprodukt macht. Ein Spekulant erwartet, dass beispielsweise eine Aktie, die heute 100 Euro kostet, in einem halben Jahr nur noch 50 Euro kostet. Aus diesem Preisunterschied möchte er Gewinn schlagen.

Das ist auch durchaus möglich und funktioniert im Prinzip so: Der Spekulant leiht sich Aktien aus. Das heißt, er sucht jemanden, der solche Aktien besitzt, und bittet ihn, eine Zeitlang über diese Aktien verfügen zu können. Gleichzeitig verpflichtet sich der Spekulant, die Wertpapiere nach einer bestimmten Leihfrist wieder an ihren Eigentümer zurückzugeben. Außerdem bekommt der Eigentümer der Aktien fürs Verleihen eine Art Leihgebühr.

Der Spekulant verkauft nun die Aktien – obwohl sie nur geliehen sind – sofort ganz real zum momentanen Preis von 100 Euro.

Denn er setzt darauf, dass am Ende der Leihfrist, beispielsweise in einem halben Jahr, der Preis vielleicht nur noch bei 50 Euro liegt. Er hofft also darauf, dass er das, was er heute teuer verkauft, später billig einkaufen kann. Wenn die Wette aufgeht, macht der Spekulant in diesem Beispiel pro Aktie 50 Euro Gewinn.

Mit einzelnen Aktien werden solche Wetten aber nie betrieben. Eher ist es üblich, mit hohen Millionensummen zu hantieren, die die Spekulanten sich meist leihen. Denn dann winken auch hohe Millionengewinne. Oder Millionenverluste, wie es bei Adolf Merckle der Fall war. Die Aktien, bei denen er darauf gesetzt hatte, dass sie billiger würden, haben sich in Wirklichkeit deutlich verteuert. Am Ende stand sein Selbstmord.

Mit dem Preisverfall von Wertpapieren Milliardär werden

Dass man durch Wetten auf fallende Kurse aber auch sehr schnell sehr reich werden kann, zeigt das Beispiel des oben bereits erwähnten amerikanischen Milliardärs John Paulson. Er ist jedoch in einem Bereich der Finanzwelt reich geworden, der noch ein ganzes Stück komplizierter ist als die Wetten, mit denen Adolf Merckle gezockt hat. Paulson ist mit Wetten auf die Preisentwicklung sogenannter Kreditpakete reich geworden.

Vor etlichen Jahren haben vor allem amerikanische Banken angefangen, solche Kreditpakete zu schnüren. Die Überlegung, die dahinter steht, lautet in etwa so: Eine Bank packt zum Beispiel 1000 Kreditverträge mit einem Wert von jeweils 100000 Dollar zusammen. Wenn alle Schuldner brav ihre Raten zahlen, würde das so gepackte Paket 100 Millionen Dollar entsprechen. Dazu addieren sich noch Zinsen. Weil Haus-Kreditverträge lange laufen, kann die Bank für die 100 Millionen Dollar, die sie verliehen hat, insgesamt vielleicht 150 Millionen Dollar als Einnahmen erwarten.

Allerdings ist auch zu erwarten, dass Kreditverträge mit einem Wert von mehreren Millionen Dollar ausfallen. Denn seitdem Menschen an andere Menschen etwas verleihen, gilt die Regel: Es gibt immer jemanden, der das, was er geliehen hat, nicht mehr zurückgibt. Weil er es nicht will oder weil er es nicht kann. Wie hoch solche Ausfälle sein werden, lässt sich nur schätzen.

Nehmen wir an, beim oben genannten Beispiel von 150 Millionen Dollar an erhofften Rückzahlungen und Zinsen halten die Kreditgeber einen Ausfall von fünf Millionen Dollar für realistisch – 145 Millionen Dollar werden also als Einnahme erwartet. Dennoch kann es für die Kreditgeber sinnvoll erscheinen, die zusammengepackten Kreditverträge für, sagen wir, 140 Millionen Dollar zu verkaufen. Denn dann müssen die Kreditgeber zwar auf fünf Millionen Dollar verzichten, die sie eigentlich verdienen könnten. Aber die 140 Millionen haben sie sofort und sicher. Das Risiko, das üblicherweise darin steckt, Kredite zu vergeben, ist weg – und viele Millionen sind da.

Derjenige, der dieses Kreditpaket einkauft, setzt hingegen darauf, dass er 145 Millionen Dollar hereinbekommt, für die er nur 140 Millionen gezahlt hat. Dann hätte er fünf Millionen Dollar Gewinn gemacht.

Und wieder bläht sich eine Blase

Das Schnüren der Kreditpakete kam bald mächtig in Mode. Alle hätten etwas davon, hieß es. Das Risiko, dass Kredite ausfallen, werde besser verteilt. Das mache es den Banken leichter, solche Kredite zu vergeben, hieß es weiter. Angenehmer Nebeneffekt: Die Banken machen dabei ordentliche Gewinne. Aber auch diejenigen, die die Kreditpakete kaufen, sollten auf einen hübschen Gewinn hoffen können, hieß es.

Die Kreditpakete galten also als etwas Feines und sie wurden gehandelt wie Wertpapiere. Der Handel lief schwunghaft. Auch deutsche Banken haben gern zugegriffen. Allerdings ging es ihnen nicht um das geradezu gemeinnützige Ziel, die Risiken von Kreditausfällen auf möglichst viele Schultern zu verteilen. Die deutschen Banken wollten einfach möglichst viel Geld verdienen. Und die Sache schien gut zu laufen. Zumindest so lange, wie in den USA die Preise für Häuser stiegen.

Denn steigende Preise bildeten die Basis, auf der die Risiken, die in den Paketen steckten, berechnet worden waren. Die Überlegung lautete: Solange Hauskäufer von Jahr zu Jahr mehr für Häuser zahlen, kann denen, die sich in früheren Jahren für Häuser verschuldet haben, nicht viel passieren. Denn wenn jemand heute 100000 Dollar Schulden macht, weil er sich ein Haus kaufen möchte, dann ist zwar denkbar, dass er nächstes Jahr seine monatlichen Raten nicht mehr aufbringen kann – beispielsweise weil er arbeitslos wird. Aber wenn es in diesem Fall gelingt, das Haus für 105000 Dollar an jemand anderen zu verkaufen, dann zieht der Schuldner eben einfach wieder aus dem Haus aus, begleicht seine Schulden (vielleicht sogar mit einem kleinen Gewinn), und es gibt keine Probleme.

Die Massenvernichtungswaffen der Bankbranche

Es geschah aber das Gleiche wie bei den Preisen für Tulpenzwiebeln im Holland des 17. Jahrhunderts oder mit den New-Economy-Aktien des Jahres 2000: Irgendwann blieb der Aufzug der vermeintlich ewig steigenden Häuserpreise stehen. Und fuhr sogar wieder nach unten. Die Vorstellung, dass jeder ohne Risiko Schulden machen kann, um sich ein Haus zu kaufen, stimmte nicht mehr. Der Ausweg, sein Haus einfach teurer zu verkaufen, wenn einen der Kredit überforderte, war plötzlich versperrt. Das führte dazu, dass die Berechnungen, wie »gut« die in Pakete verpackten Kredite waren, nicht mehr passten. Denn immer mehr sogenannte »faule« Kredite wurden nicht zurückgezahlt.

Was nun folgte, war eine Kettenreaktion. Auch die Preise für die Kreditpakete begannen zu fallen. Bald war es für die Banken so gut wie unmöglich, die Pakete überhaupt noch loszuwerden. Sie galten plötzlich als »toxisch«, also als giftig. Die Banken mussten diese Giftpapiere zum großen Teil erst einmal als wertlos betrachten. Denn für das, was niemand haben will, liegt der Preis bei Null. Auf diese Weise kamen die gigantischen Milliardenverluste zusammen, die ab dem Jahr 2008 unter dem Schlagwort »Finanzkrise« ständig durch die Nachrichten gingen. Einige Finanzprofis bezeichneten die Kredit-Wertpapiere nun als »Massenvernichtungswaffen«.

Die Krise blieb aber nicht auf den Handel mit Kreditpaketen beschränkt. Sie zeigte auch, wie eng die Banken der ganzen Welt miteinander verbunden sind. Das moderne Finanzsystem besteht aus einem ständigen Hin- und Herschieben von Geldern zwischen den verschiedenen Banken. Grundlage dafür ist das

Vertrauen jeder Bank in die anderen Banken, dass das Geld im Wesentlichen wieder zurückkommt. Im Idealfall soll einiges mehr an Geld zurückkommen, große Summen ausfallen sollen hingegen nicht. In dem Moment jedoch, in dem die Banken sich gegenseitig nicht mehr trauen, besteht die Gefahr, dass das Finanzsystem zusammenklappt wie die Spielsteine beim »Domino Day«.

Wenn das Gedankenspiel »Geld« zur Wahnidee wird

Die Finanzkrise hat gezeigt: Das moderne Geldsystem ist so abgehoben und kompliziert geworden, dass es jede Vorstellungskraft übersteigt und sich kaum mehr kontrollieren lässt. Die Finanzkrise hat aber auch gezeigt: Diejenigen, die von diesem Geldsystem profitieren, verhindern weiterhin strengere Kontrollen und Vorschriften, die für mehr Klarheit sorgen.

Und die sogenannte Finanzindustrie verspricht, als ob nichts gewesen wäre: Wer sein Geld in raffinierte Finanzprodukte steckt, der kann seinen eigenen Wohlstand um jährlich acht Prozent, zehn Prozent oder 15 Prozent steigern. Und das soll in einer Welt geschehen, deren Wirtschaftsleistung in letzter Zeit mit Raten von etwa zwei bis drei Prozent zugenommen hat – oder auch weniger. Diese Rate ist also das höchste denkbare Tempo, mit dem der Wohlstand der Menschen wachsen kann, wenn der Zuwachs gleichmäßig verteilt würde (ob diese Form von Wohlstand die Menschen glücklich macht und wie lange die Erde diese Form von Wachstum aushält, ist ein anderes Thema).

Auch hier muss man kein Experte sein, um eines zu erkennen:

Wenn es jemandem gelingt, sein Geld mit Wachstumsraten von acht, zehn oder 15 Prozent zu vermehren, dann geht das nur, wenn irgendjemand dafür bezahlt. Auf die Frage »Wer bezahlt dafür, wenn ich mit einem Finanzprodukt zehn Prozent Rendite einstreiche?« gibt es keine einfache Antwort, bei der sich die Namen derjenigen nennen lassen, die dafür aufkommen. Dazu ist das Finanzgeflecht zu kompliziert und zu losgelöst von der greifbaren Wirklichkeit. Sicherlich falsch ist aber eine Antwort, die der Spekulations-Milliardär John Paulson gegeben hat. Er hat ja unerhört viel Geld verdient, weil er darauf wettete, dass der Markt für amerikanische Haus-Kredite zusammenbricht. Auf die Frage »Wer hat denn verloren?« antwortete er: »Die Investmentbanker«, also eine bestimmte Sorte von Bankmitarbeitern, die sich aufs Spekulieren spezialisiert haben. Es mag sein, dass einige dieser Bankangestellten während der Finanzkrise zeitweise weniger verdient haben. Doch zur Armen-Suppenküche musste deswegen keiner von ihnen.

Wirklich verloren haben bei dieser Geschichte ganz andere Leute. Die beispielsweise, die sich in Amerika Häuser kauften, die sie sich eigentlich nicht leisten konnten. Sie mussten diese Häuser wieder verlassen, als offensichtlich wurde, dass die Sache so nicht läuft. Die Zeltstädte und Wohnwagensiedlungen rund um amerikanische Großstädte bekamen beträchtlichen Zuwachs. Verloren haben auch Millionen Arbeitnehmer weltweit, die arbeitslos wurden. Denn nicht nur der Wohnungsmarkt, sondern die gesamte Wirtschaft hängt davon ab, dass der Geldkreislauf halbwegs rundläuft. Als er ins Stottern kam, sind viele Unternehmen in Probleme geraten und haben massenhaft Arbeitsplätze gestrichen.

Verloren haben schließlich auch diejenigen, die in Deutschland, den USA, Frankreich, Großbritannien und vielen anderen Ländern Steuern zahlen. Denn mit diesen Steuern haben die jeweiligen Regierungen Banken unterstützt, die (im Gegensatz zu John Paulson) falsch spekuliert haben. Hunderte Milliarden aus Steuermitteln sind bereitgestellt worden, um einen Einsturz des Finanzsystems nach dem Domino-Prinzip zu verhindern.

Wenn man die Frage beantworten will: »Wer finanziert die Gewinne von Spekulanten?«, muss man also gar nicht bis in jede Einzelheit verstehen, wie das Geld fließt. Man kann sich auf sein Bauchgefühl verlassen und feststellen: Wenn jemand deshalb Millionen oder Milliarden auf sein Konto bekommt, weil er Geld-Wolken herumschiebt, dann kann es nicht sein, dass er sich dieses Geld *verdient* hat. Er hat es auch nicht *erarbeitet*. Er hat es sich bestenfalls *verschafft*. Und unterm Strich hat immer jemand anderes dafür gearbeitet.

Auf die Frage, wie reiche Menschen zu ihrem Geld kommen, gibt es also viele Antworten. Mindestens ebenso viele Antworten gibt es auf die Frage, wie es kommt, dass Menschen arm sind. Deswegen folgen dazu gleich sieben Kapitel.

8

Wie man verarmt: Modell »Dritte Welt«

Oder: Das Gegenteil von Wohlstand

Fodé Tounkara war 14 Jahre alt, als er erfror. Sein Freund Yaguine Koita war 15 Jahre alt, als er starb. Sie hatten sich in zwei der engen Kästen gezwängt, in die Flugzeuge nach dem Start ihre Räder versenken. Fodé und Yaguine hatten sich eine Maschine ausgesucht, die von Conakry im westafrikanischen Guinea nach Europa flog. Als das Flugzeug immer höher stieg, fiel die Temperatur in den Metallschächten weit unter null Grad. Die Luft wurde so dünn, dass auch bei normalen Temperaturen ein Überleben kaum möglich gewesen wäre.

Die Leichen der jungen Afrikaner wurden am 2. August 1999 gefunden, als Techniker das Flugzeug auf dem Flughafen der belgischen Hauptstadt Brüssel routinemäßig untersuchten. Fodé und Yaguine hatten einen Brief bei sich. Auf Französisch baten sie die Menschen in Europa um Hilfe, vor allem die Politiker. »*Nous souffrons énormément en Afrique*«, war da zu lesen: »Wir leiden enorm in Afrika.« Und: »*Nous voulons étudier, et nous vous demandons de nous aider à étudier pour être comme vous en Afrique*« – »Wir wollen lernen, und wir bitten Sie, uns zu helfen zu lernen, um in Afrika zu sein wie Sie.«

In der Rangliste der ärmsten und der reichsten Staaten der Welt liegt Guinea, das Heimatland von Fodé und Yaguine, auf Platz 169 – von insgesamt 180 Ländern (siehe Kapitel 4). Wobei es letztlich völlig egal ist, ob ein Land in dieser Liste Rang 140, 160 oder 180 belegt. Die Armut dieser Länder ist für jemanden, der in Deutschland, Österreich oder der Schweiz lebt, unbegreiflich. Daran hat sich auch rund ein Jahrzehnt nach dem Tod der beiden Jugendlichen nichts geändert. Die Wochenzeitung »Die Zeit« schrieb damals: »Wer je in Conakry war, kann das Motiv der selbstmörderischen Reise verstehen. Die Hauptstadt von Guinea ist ein trostloser, stinkender Millionenslum, staubig und glühend heiß in der Trockenzeit, in der Regensaison durchädert von giftigen Kloaken, immer voller Müll und Ungeziefer. Das Wasser ist verseucht, der Strom fällt im Stundentakt aus, die Schulen und Hospitäler verdienen den Namen nicht. Hunger, Krankheit, Gewalt prägen den Alltag. Ein Ort der Hoffnungslosigkeit.«

Warum so viel Elend?

Es gibt viele Zahlen über die Armut in afrikanischen Ländern wie Guinea, Äthiopien, Namibia, oder auch über die Armut in Asien und Lateinamerika. Eine davon: Im Jahr 2009 waren eine Milliarde Menschen »chronisch unterernährt«, wie es in der Sprache der Vereinten Nationen heißt. Das heißt, diese Menschen haben Tag für Tag weniger zu essen, als sie brauchen. Und im Jahr 2009 lag die Zahl ein Zehntel höher als im Jahr zuvor. Wenn man solche Zahlen liest, kann man aber eines noch lange nicht verstehen: *Warum* verhungern Menschen nur ein paar Flugstunden entfernt von Ländern wie Deutschland, Österreich oder der Schweiz, die den jungen Afrikanern Fodé und Yaguine unvorstellbar reich erschienen?

Schon vor einigen Jahrzehnten haben Wirtschaftswissenschaftler die Länder der Erde – je nach ihrem Wohlstand – in eine Reihenfolge gebracht. Als »Erste Welt« galten die reichen Industriestaaten Westeuropas oder auch die USA, Kanada und Japan. »Zweite Welt« wurden damals sozialistische Staaten wie die Sowjetunion und deren Verbündete genannt (siehe Kapitel 15). Als »Dritte« oder gar »Vierte Welt« wurden die armen und ärmsten Staaten der Erde bezeichnet. Diese Bezeichnungen sind zwar ein bisschen aus der Mode gekommen, weil sie etwas von einem Wettbewerb haben, bei dem die »Dritte Welt« die Welt der Verlierer ist. Aber wenn man ehrlich sein will, ist es genau so: Wer in jenen Teilen der Erde lebt und nicht gerade in eine reiche Familie geboren wird, der hat schon verloren.

Um die Armut der Dritten Welt verstehen zu können, hilft ein kurzer Blick zurück. Dabei kann eines als sicher gelten: Seit es Privateigentum gibt, gibt es auf der ganzen Erde Leute, die mehr besitzen als andere. Wesentlich mehr oftmals. Seitdem vor etlichen tausend Jahren einige Menschen durchgesetzt haben, dass ein Wald nicht mehr allen gehörte, die in diesem Wald jagten, oder dass eine Wiese nicht mehr allen gehörte, die Rinder auf dieser Wiese grasen ließen – seitdem gibt es Arm und Reich. Wenn man dem Gedanken folgt, dass es beim Wirtschaften immer darum geht, wie *knappe Güter* verteilt werden, dann ist es schon immer den einen gelungen, sich mehr von diesen Gütern zu sichern. Die anderen bekamen weniger ab.

Der Abstand wird größer

Könige oder Adlige waren also schon vor tausend Jahren um ein Vielfaches reicher als Bauern oder Handwerker. Von den besitzlosen Sklaven jener Zeiten ganz zu schweigen. Das galt für Europa ebenso wie für Afrika oder Asien. Doch die moderne Art zu wirtschaften hat die Abstände noch einmal drastisch vergrößert. Vor tausend Jahren mussten auch reiche Europäer mit ansehen, wie ihre Kinder starben, wenn deren Körper bestimmte Viren oder Bakterien nicht mehr in Schach halten konnte. First-Class-Krankenhäuser oder teure Medikamente standen ihnen ebenso wenig zur Verfügung wie den ärmsten Bauern, egal ob in Europa, Afrika oder Südamerika.

Heute hingegen muss in den wohlhabenden Ländern dieser Welt kein Kind an einfachen Virus- oder Bakterieninfektionen sterben, egal ob seine Familie arm oder reich ist. Es gibt Medikamente und Ärzte für alle. In den Ländern der Dritten Welt sieht das völlig anders aus. Hier sind viele Krankheiten ein Todesurteil – Krankheiten, die sich heilen ließen, wenn nur etwas Geld zur Verfügung stünde. Auch Hunger und Unterernährung, wie sie viele Länder Afrikas, Asiens oder Lateinamerikas kennen, sind in Europa, Japan oder den USA kein Thema mehr.

Nicht nur an der medizinischen Versorgung oder der Versorgung mit Lebensmitteln kann man sehen, dass der Wohlstand heute auf der Welt noch viel ungleicher verteilt ist als vor tausend oder fünfhundert Jahren. In Europa haben so gut wie alle Haushalte einen Kühlschrank. In den armen Ländern dieser Welt nur wenige. Kühlschränke sind vielleicht nicht so wichtig, könnte man sagen. Aber sauberes Wasser? Für Menschen, die in Europa,

Nordamerika oder Japan leben, ist es auch für arme Bürger eine Selbstverständlichkeit. Viele Millionen Menschen in anderen Ländern kennen sauberes Trinkwasser nur aus Erzählungen. Wer in Äthiopien oder Kambodscha am falschen Ort lebt, muss möglicherweise stundenlang laufen, um aus einem mehr oder weniger versifften Brunnen Wasser herbeizuschaffen. Eine Aufgabe, die oft Kinder erledigen. Klar, dass ihnen da keine Zeit bleibt, etwas zu lernen, so wie es sich Fodé und Yaguine gewünscht hatten.

Eroberungen mit Folgen

Wasserleitungen, die in jedes Haus führen. Ein eigenes Auto in fast jeder Familie. Zugang zu Bussen oder U-Bahnen für alle. Fabriken, in denen diese Autos, Busse und U-Bahnen gebaut werden. Fabriken, die Brot, Butter, Wurst oder auch Schokolade in Hülle und Fülle herstellen – wenn man überlegt, was es in reichen Ländern alles gibt, was arme Länder nicht haben, wird schnell deutlich, worin der wesentliche Unterschied zwischen Arm und Reich liegt: Der gigantische Vorsprung, den heute reiche Länder gegenüber armen Ländern genießen, ist von dem Moment an entstanden, als die Europäer die moderne Wirtschaft erfanden, die auch von den USA oder Japan übernommen wurde. Vor allem Arbeitsteilung und Industrialisierung ließen den Wohlstand in einem vorher nie gekannten Tempo anwachsen (siehe Kapitel 2).

Afrika, Asien oder Südamerika blieben von dieser Entwicklung weitgehend abgehängt. Denn große Teile dieser Kontinente wurden ab etwa dem 16. Jahrhundert Stück für Stück von den Europäern erobert und zu Kolonien gemacht. Spanier, Portugiesen, Briten, Franzosen, aber auch Italiener, Belgier, Holländer oder Deutsche teilten die Welt mit Gewalt unter sich auf. In Amerika rafften sie Gold und Silber zusammen, aus Afrika beschafften sie sich Kautschuk oder Kokosöl. Und überall versanken die Menschen, die in diesen Ländern lebten, in Armut.

Die Kolonien waren auch vor der Eroberung durch die Europäer nicht im heutigen Sinne reich. Die Menschen dort lebten meist als Bauern oder Handwerker. Es kam zwar vor, dass sie unter Missernten litten oder unter den Verwüstungen, die Stürme anrichteten. Aber immerhin wirtschafteten sie für sich selbst und hatten oftmals durchaus ihr Auskommen.

Mit der Kolonisierung änderte sich das grundlegend. Die Frage, was die Kolonialherren in London, Paris oder Lissabon für richtig hielten, entschied darüber, was in den Kolonien hergestellt wurde und was nicht, welche Pflanzen angebaut wurden und welche nicht. Millionenfach wurden die Menschen selbst als Ware behandelt. Portugiesen, Franzosen, Briten oder Niederländer machten vor allem Afrikaner zu Sklaven.

Nicht nur Versklavung hieß Gewalt. Kolonisierung bedeutete in jeder Hinsicht Gewalt. Die Menschen Lateinamerikas, Afrikas oder Asiens wurden von Eroberern regiert, die ihren Machtanspruch mit Kriegen, Folter und Vergewaltigung durchsetzten. Und die Eroberer taten alles, um ihre Kultur zu verbreiten: Das Christentum ersetzte alte einheimische Religionen. Spanisch, Englisch, Französisch oder Portugiesisch ersetzten alte einheimische Sprachen.

So gut wie alle Länder, die eine Geschichte als Kolonie hinter sich haben, haben auch eine Geschichte unsagbarer Gewalt hinter sich. Und diese Gewalt prägt jene Gesellschaften bis heute. Doch wo Bürgerkrieg, Terrorismus, Kriminalität das Leben bestimmen, ist es unmöglich, Wohlstand für breite Kreise der Bevölkerung aufzubauen. Und Armut ist wiederum der Nährboden für Gewalt. Ein Teufelskreis.

Im Abseits der Weltwirtschaft

Es gibt aber nicht nur einen Grund, warum viele Länder der sogenannten Dritten Welt in Armut feststecken. Äthiopien beispielsweise war nur wenige Jahre eine Kolonie der Italiener. Allein die Unterdrückung durch Kolonialherren kann es also nicht sein, was dieses Land zu einem der ärmsten der Welt macht.

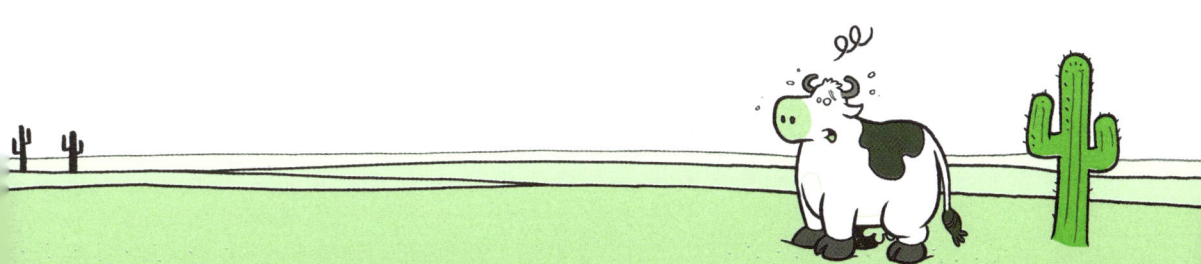

Äthiopien hat andere Probleme. Die Natur ist in weiten Teilen des Landes ausgesprochen lebensfeindlich. Es ist so heiß und trocken, dass die Landwirtschaft nur wenig abwirft.

Was aber Länder wie Äthiopien genauso in ihrer Armut hält: Sie stehen komplett außerhalb des weltweiten Wirtschaftskreislaufs. Die Entwicklung der modernen Wirtschaft ist an ihnen einfach vorbeigegangen.

Die Ingenieure und Manager, die in Europa, den USA oder Japan überlegen, wohin sie ihre Waren verkaufen können oder wo sie etwas herstellen lassen, denken an viele Länder dieser Welt. Unter dem Schlagwort »Globalisierung« hat sich in den vergangenen Jahren der weltweite Wirtschaftsaustausch rasant beschleunigt. Wer von der Globalisierung mehr profitiert und wer weniger, darüber kann man lange streiten.

Eines ist sicher: Sie hat einigen Ländern, die noch vor wenigen Jahren zur Dritten Welt zählten, einen beträchtlichen Aufschwung gebracht. China beispielsweise war vor einem halben Jahrhundert in Sachen Wirtschaftskraft im weltweiten Wettbewerb weit abgeschlagen. Heute ist das Land mit Staaten wie den USA oder Deutschland auf Augenhöhe.

Die Bandbreite der Waren, die China inzwischen in die ganze Welt liefert, ist erstaunlich: Sie reicht von Computern über Spielzeug bis hin zu Steinen. Das Beispiel der Steine ist nicht erfunden. Etliche deutsche Städte kaufen die Pflastersteine, mit denen sie ihre Fußgängerzonen bestücken, nicht irgendwo bei sich in der Nähe. Nein, sie kommen mitunter aus China. Die Arbeitskräfte dort schuften für so wenig Geld, und die Transportkosten sind so niedrig, dass chinesische Pflasterware am billigsten ist.

An den ärmsten Ländern der Welt gehen aber sogar solche Formen der Globalisierung vorbei. Äthiopien oder Guinea kommen auf den Landkarten der Leute, die die weltweite Produktion und den internationalen Handel lenken, nicht vor. Die Menschen, die dort leben, haben kein Geld, um etwas zu kaufen. Sie haben nicht die Ausbildung, um komplizierte Maschinen zu bedienen. In diesen Ländern gibt es keine funktionierenden Straßen- oder Eisenbahnnetze und keine Häfen, um Waren zu transportieren. Auch nicht einfache Waren wie zum Beispiel Steine.

Entwicklungshilfe als Ausweg?

Wäre das also die Lösung? Straßen, Schulen und Fabriken zu bauen – und die Probleme sind beseitigt? Die ärmsten Länder in die Globalisierung einzuklinken, damit sie ihre Bodenschätze, ihre landwirtschaftlichen Produkte, die Arbeitskraft ihrer Bewohner auf dem Weltmarkt verkaufen können? Einige Zeit hofften viele Fachleute, es wäre so. Aber es hat sich gezeigt, dass es keine einfachen Lösungen gibt, um die Armut in der Dritten Welt zu bekämpfen. Manche Ökonomen behaupten sogar, die Entwicklungshilfe habe die Probleme verschlimmert.

Die Finanzwissenschaftlerin Dambisa Moyo, die im zentralafrikanischen Sambia geboren wurde, zieht eine ernüchternde Bilanz. Seit 1970 seien etwa 300 Milliarden US-Dollar als Hilfszahlungen nach Afrika geflossen, stellt sie fest. Doch das durchschnittliche Pro-Kopf-Einkommen auf dem Kontinent sei heute niedriger als in den 70er-Jahren. Die Entwicklungshilfe, wie sie in den vergangenen Jahren geleistet wurde, habe ihr Ziel also verfehlt. Die Milliarden, die aus Europa, Nordamerika oder Japan nach Afrika geflossen sind, hätten in erster Linie korrupte Politiker und Wirtschaftsbosse reicher gemacht.

Vor allem aber werden die Empfänger von Entwicklungshilfe in Moyos Augen wie unmündige Kinder behandelt. Besonders ärgerlich findet sie dabei eines: dass Pop-Musiker aus dem Norden, wie Bono von der irischen Band U2, bei der Suche nach Lösungen für die Probleme Afrikas eine wichtigere Rolle spielen als afrikanische Fachleute oder Politiker.

Die Lösung der Probleme armer Länder müsse aber aus diesen Ländern selbst kommen, meint nicht nur Dambisa Moyo. Die Menschen müssten in die Lage versetzt werden, ihre Arbeitskraft so einzusetzen, dass Wohlstand für sie und ihre Umgebung entsteht. In einer Wirtschaftsordnung, in der Geld die Grundlage für alles Wirtschaften ist, könnten sogenannte Mikrokredite der richtige Weg sein, hofft die Finanzfachfrau (mehr dazu im Kapitel 18). Andere setzen auf ein sogenanntes Grundeinkommen (mehr dazu im Kapitel 17). Aber auch hier gilt: Einfache Lösungen gibt es nicht.

Allerdings ist Armut keineswegs nur ein Problem der Dritten Welt. Armut gibt es auch mitten in reichen Ländern wie Deutschland. Nur hat sie hier ein anderes Gesicht als in Guinea oder Äthiopien.

9

Wie man verarmt:
Modell »Hartz IV für Jüngere«

Oder: Mit 55 Cent im Monat auf ein Fahrrad sparen

Stellen wir uns ein Kind aus Äthiopien, Somalia oder Peru vor: ein zwölfjähriges Mädchen mit einem zehn Jahre alten Bruder. Der Vater hat die Familie sitzen gelassen. Die Mutter hat keine Arbeit. Wir können sicher sein: Dieses Kind ist arm. Es wird wahrscheinlich keine brauchbaren Schuhe haben. Es wird, wenn es krank ist, nur mit Mühe einen Arzt finden, der es behandelt. Es wird immer wieder hungern, weil die Mutter nicht die Möglichkeit hat, Essen zu besorgen. Fernseher, Handy, Kino, Schwimmbad – all das ist für dieses Mädchen unvorstellbarer Luxus. Wenn es in die Schule geht, dann höchstens ein paar Jahre lang. Der Schulunterricht wird nicht einmal ausreichen, damit das Mädchen richtig lesen und schreiben lernt. Von »absoluter Armut« sprechen Fachleute, wenn es um Menschen geht, die von allem zu wenig haben.

Wenn man sich diese Art von »absoluter Armut« ansieht, kann man dann auch Menschen, die in Ländern wie Deutschland leben, als »arm« bezeichnen? Wirklich hungern wie in der sogenannten Dritten Welt muss hier niemand. Ärzte, Krankenhäuser und Schulen sind für alle da. Dennoch gelten auch in Deutschland Hunderttausende Kinder als »arm«. Von »relativer Armut« sprechen viele Fachleute, wenn jemand ein Einkommen hat, das höchstens halb so hoch ist wie das Durchschnittseinkommen in einem Land. Denn jemand, der in dieser Sichtweise als »relativ arm« gilt, kann sich vieles nicht leisten, was für andere selbstverständlich ist.

Zu den »relativ Armen« zählen in Deutschland vor allem zwei Gruppen von Menschen: diejenigen, die mit ihrer Arbeit nur sehr wenig verdienen (mehr dazu in Kapitel 11), und diejenigen, die dauerhaft keine Arbeit finden.

Wer längere Zeit keine Arbeit hat, erhält in Deutschland »Arbeitslosengeld zwei«, auch bekannt als »Hartz IV«. Eltern erhalten auch für ihre Kinder diese Zahlung. Vor allem Jungen und Mädchen, deren Mütter sich allein um die Familie kümmern, bekommen auf diese Weise Geld vom Staat. Denn für sie ist es besonders schwierig, sich in die Zwänge einzupassen, die viele Arbeitsstellen mit sich bringen. Vier von zehn Familien, bei denen die Mutter alleinerziehend ist, erhalten Hartz IV.

Warum eigentlich »Hartz IV«?

Das Leben mit »Hartz IV« kann hart sein – aber damit hat der Begriff nichts zu tun. Offiziell heißt diese Leistung »Arbeitslosengeld zwei«, oft auch abgekürzt und mit einer römischen Zahl versehen: ALG II. Eine römische Zahl findet sich auch in »Hartz IV«, oft ist aber auch von »Hartz vier« die Rede. Die Erklärung für die Zahl »IV« beziehungsweise »vier«: Im Jahr 2002 leitete der damals beim Volkswagen-Konzern angestellte Manager Peter Hartz eine Kommission, die im Auftrag der Bundesregierung verschiedene Vorschläge für neue Gesetze gemacht hat. Damit sollten unter anderem die Regeln für den Umgang mit Arbeitslosen geändert werden. Die Gesetze wurden in vier Pakete aufgeteilt und nach dem Chef der Kommission benannt: Daher »Hartz I« bis »Hartz IV«. Allerdings wird über »Hartz I, II und III« heute nicht mehr so oft gesprochen. Mit »Hartz IV« hingegen haben Millionen Menschen zu tun. Die Abkürzung steht für das, was jemand an Geld vom Staat erhält, wenn er länger als ein Jahr arbeitslos ist. Der einstige Kommissions-Chef Peter Hartz ist später tief gestürzt. Es kam heraus, dass er in eine Bestechungsaffäre bei VW verwickelt war. Im Jahr 2007 hat ihn das Landgericht Braunschweig deshalb zu einer Strafe von zwei Jahren Haft verurteilt, die zur Bewährung ausgesetzt wurde.

Die Hartz-IV-Zahlungen werden zwar immer wieder angehoben, aber nur um wenige Euro. Ab Mitte 2009 wurden für Kinder ab 14 Jahren 287 Euro gezahlt, vorher waren es 281 Euro. Mehr könne man denjenigen nicht zumuten, die dafür aufkommen, heißt die Begründung der Politiker. Denn das, was der Staat für Hartz IV ausgibt, muss er auf einer anderen Seite einnehmen: von Arbeitnehmern, die Lohnsteuer zahlen, oder von Firmen, die Unternehmenssteuern abgeben müssen. Außerdem würden viele Arbeitslose aufhören, eine Stelle zu suchen, wenn sie auch ohne Arbeit gut leben könnten, heißt es weiter von Politikern und Arbeitgebern. Der Deutsche Gewerkschaftsbund hat ausgerechnet, wie viel von einer Monatszahlung »Hartz IV«, wie sie im Jahr 2008 berechnet wurde, für einzelne Bereiche vorgesehen war.

Monatsbedarf nach »Hartz IV« in Euro und Cent, Stand 2008

Wofür soll das Geld ausgegeben werden?	Kind bis 13 Jahre	Kind ab 14 Jahre
Nahrungsmittel und Getränke	77,71	103,62
Bekleidung und Schuhe	20,90	27,87
Wohnen, Energie etc. (Wohnkosten wie Miete werden extra gezahlt)	15,74	20,99
Innenausstattung, Haushalts- geräte etc.	15,05	20,06
Gesundheitspflege	7,73	10,31
Verkehr	9,42	12,56
Bei Verkehr: Kauf von Fahrrädern	0,41	0,55
Nachrichtenübermittlung (Telefon, Internet etc.)	18,47	24,62
Freizeit, Unterhaltung, Kultur	23,96	31,95
Bei Freizeit: Spielwaren und Hobbys	0,78	1,03
Bei Freizeit: Bücher und Broschüren	3,34	4,45
Bei Freizeit: Schreibwaren, Zeichenmaterial	1,66	2,21
Beherbergungs- und Gaststätten- dienstleistungen	4,99	6,65
Andere Waren und Dienstleistungen	16,34	21,79

Quelle: Deutscher Gewerkschaftsbund

Eine kleine Rechenaufgabe: Wie viele Jahre muss ein Kind jeden Monat 55 Cent zurücklegen, damit es sich irgendwann ein Fahrrad kaufen kann? Wenn das Fahrrad 200 Euro kosten soll (was ja nicht hoch gegriffen ist), wären das 30 Jahre.

Auch das höchste Gericht in Deutschland, das Bundesverfassungsgericht, hat Anfang 2010 festgestellt: Die Art und Weise, wie die Höhe des Hartz IV-Geldes berechnet wird, ist unsinnig und kann nicht so bleiben. Allerdings haben die Verfassungsrichter nichts dazu gesagt, wie hoch die Grundsicherung sein soll, sondern nur dazu, wie sie kalkuliert wird. Folgerichtig haben viele Politiker schnell klargemacht: Auch wenn Hartz IV anders berechnet wird, muss das nicht heißen, dass die Zahlung am Ende wesentlich höher ausfällt.

Als die »Hartz-IV«-Gesetze geschrieben wurden, standen Kinder aber gar nicht im Mittelpunkt. Es ging vielmehr um Erwachsene, die keine Arbeit haben. Warum so viele Menschen keinen Job finden und wie unser Wirtschaftssystem damit umgeht – für diese Fragen lohnt sich ein eigenes Kapitel.

10

Wie man verarmt: Modell »Hartz IV für Ältere«

Oder: Warum gibt es nicht Arbeit für alle?

Um arm zu werden, gibt es in allen Ländern dieser Welt ein ganz einfaches Rezept: keine Arbeit haben. Es gibt natürlich auch eine ganze Reihe von Leuten, die nicht arbeiten und trotzdem in Wohlstand leben. Wer ordentlich Geld erbt, im Lotto gewinnt, eine/n Millionär/in heiratet oder sich durch raffinierte Verbrechen bereichert, hat es nicht nötig, zu arbeiten. Alle anderen aber stehen über kurz oder lang ziemlich schlecht da, wenn sie nicht durch bezahlte Arbeit an Geld kommen.

Sicherheitsnetz oder Hängematte?

In wohlhabenden Ländern gibt es allerdings eine Reihe von Sicherungen, die ein allzu schnelles Abrutschen in die Armut verhindern sollen. Wer einen normalen Arbeitsvertrag hat, zahlt in Deutschland automatisch in die Sozialversicherung ein. Neben der Arbeitslosenversicherung zählen dazu Kranken-, Pflege-, Renten- und Unfallversicherung. Sie sind seit Ende des 19. Jahrhunderts schrittweise eingeführt worden und haben alle ein gemeinsames Ziel: Sie sollen dafür sorgen, dass Zustände, wie sie noch vor rund 130 Jahren herrschten, nicht mehr vorkommen. Denn damals hieß seine Arbeit verlieren, krank oder alt werden, auch in Deutschland meist: tief in die Armut abzustürzen.

Ganz anders als andere Versicherungen: die Sozialversicherung

Versicherungen gibt es inzwischen gegen fast alles. Sie zahlen nicht nur, wenn ein Auto gegen einen Baum fährt oder ein Blitz ins Haus einschlägt. Es gibt auch Versicherungen, die auf den ersten Blick skurril erscheinen, etwa gegen Piratenüberfälle. Mit ihnen können sich Schiffseigentümer für den Fall absichern, dass Seeräuber wertvolle Fracht stehlen oder Lösegeld erpressen. Die klassischen Versicherungen haben eines gemeinsam: Diejenigen, die einen Vertrag abschließen, hoffen darauf, dass das, wogegen sie sich absichern, niemals passiert. Autofahrer wollen üblicherweise keine Unfälle bauen. Nur für den Fall, dass dem Versicherten doch ein Unglück zustößt, möchte er wenigstens Geld bekommen. Das erhält er von denen, die ebenfalls einen Versicherungsvertrag abschließen, aber mehr Glück haben. Wie viel Geld jemand für eine solche Absicherung zahlen muss, hängt davon ab, wie hoch die Versicherung das Risiko einschätzt, das er mitbringt. Weil etwa junge Autofahrer häufiger in Unfälle verwickelt sind als ältere, zahlen sie höhere Auto-Versicherungsprämien.

Nicht so bei der Sozialversicherung. Was die Versicherten hier einzahlen, hängt nur von ihrem Einkommen ab. Bei einigen Teilen der Sozialversicherung erhält derjenige, der mehr eingezahlt hat, später auch höhere Leistungen. Wer viel verdient und entsprechend viel in die Rentenversicherung einzahlt, erhält später auch eine höhere Rente. Bei der Krankenversicherung und der Pflegeversicherung hingegen sieht es anders aus. Egal ob jemand wenig verdient und zum Beispiel 200 Euro Krankenversicherungsbeitrag zahlt oder ob er viel verdient und zum Beispiel 500 Euro einzahlt – in der gesetzlichen Krankenversicherung erhalten hinterher alle Versicherten die gleiche Leistung. Daher heißt sie auch *solidarische* Krankenversicherung. In einem gewissen Rahmen solidarisch ist auch die Arbeitslosenversicherung. Auch diejenigen, die ziemlich sicher sein können, dass sie ihren Job nicht verlieren, müssen einzahlen – obwohl sie selbst von ihren Beiträgen wahrscheinlich nie etwas haben. Menschen auf sehr unsicheren Stellen müssen gleichzeitig ihr höheres Risiko, den Job zu verlieren, keineswegs mit einem höheren Beitrag bezahlen. Hier gilt also ebenfalls ein Solidar-Prinzip.

Heute bedeutet eine Kündigung in Deutschland erst mal nicht den Absturz in Armut. Wer seine Stelle verliert, erhält in den ersten zwölf Monaten üblicherweise zwei Drittel des Geldes, das er vorher für seinen Lebensunterhalt hatte. Wenn dieser Nettolohn (von dem Steuern und Beiträge zur Sozialversicherung schon abgezogen sind) beispielsweise 2000 Euro beträgt, erhält ein Arbeitsloser rund 1650 Euro von der Agentur für Arbeit. Geld, das ein Arbeitsloser gespart oder in eine große Wohnung gesteckt hat, muss er zunächst nicht antasten.

Anders sieht es aus, wenn jemand innerhalb eines Jahres keine neue Arbeit findet. Dann bekommt er nicht mehr das »normale« Arbeitslosengeld, sondern »Arbeitslosengeld zwei«, auch bekannt als »Hartz IV« (siehe Kapitel 9). Wer diese Zahlungen erhält, muss haarklein nachweisen, was er an Ersparnissen oder sonstigem Vermögen besitzt. Er muss außerdem möglicherweise in eine kleinere Wohnung ziehen. Denn die Behörden, die »Hartz IV« auszahlen, tragen auch die Kosten für Miete oder Heizung – aber nur bis zu einer gewissen Höhe. Darüber hinaus bekommen die Hartz-IV-Bezieher jeden Monat einen festen Betrag, von dem sie Essen und Kleidung bezahlen müssen und alles andere, was man tagein, tagaus braucht.

Monatsbedarf nach »Hartz IV« in Euro und Cent, Stand 2008

Wofür soll das Geld ausgegeben werden?

Nahrungsmittel und Getränke, Tabakwaren	129,52
Bekleidung und Schuhe	34,84
Wohnen, Energie etc.	26,24
Innenausstattung, Haushaltsgeräte etc.	25,08
Bei Haushaltsgeräte: Waschmaschine, Wäschetrockner, Geschirrspüler	1,56
Gesundheitspflege	12,89
Verkehr	15,70
Nachrichtenübermittlung (Telefon, Internet etc.)	30,78
Freizeit, Unterhaltung, Kultur	39,93
Beherbergungs- und Gaststättendienstleistungen	8,31
Andere Waren und Dienstleistungen	27,24

Quelle: Deutscher Gewerkschaftsbund

Auch hier (wie schon im Kapitel 9) eine kleine Rechenaufgabe: Wie viele Jahre muss ein Hartz-IV-Bezieher jeden Monat 1,56 Euro zurücklegen, damit er sich irgendwann eine Waschmaschine kaufen kann? Wenn eine günstige Waschmaschine 400 Euro kosten soll, wären das 21 Jahre. Es gibt Leute, die die soziale Sicherung in Deutschland als »Hängematte« bezeichnen. Das sind allerdings meist Menschen, die nie Hartz IV bezogen haben. Sonst wüssten sie, dass diese Hängematte ausgesprochen unbequem sein kann.

Warum findet nicht jeder Arbeit, der eine sucht?

»Arbeit ist scheiße« – so verkündet es die *Anarchistische Pogo Partei Deutschlands* auf ihrer Homepage. Sie will politisch durchsetzen, dass Arbeit abgeschafft wird. So ganz ernst gemeint sind die Parolen der APPD natürlich nicht. Ziemlich ernst sind hingegen die Probleme vieler Menschen auf der ganzen Welt, die gern eine bezahlte Arbeit hätten, aber keine finden.

Die Erklärung, die dafür von vielen Ökonomen und Arbeitgebern zu hören ist, lautet so: Arbeitnehmer verkaufen die »Ware Arbeit« – sprich ihre Arbeitskraft und ihre beruflichen Fähigkeiten – auf einem Markt, dem »Arbeitsmarkt«. Wenn der Preis, den sie für ihre Arbeitskraft verlangen – also der Lohn – zu hoch ist, dann kauft ihnen keiner ihre Arbeitskraft ab. Sie bleiben auf der Straße. Das gilt vor allem dann, wenn gleichzeitig genug andere bereit sind, für weniger Lohn dieselbe Arbeit zu erledigen. Welchen Lohn jemand für seine Arbeitskraft verlangen darf, soll dabei davon abhängen, wie produktiv er ist – also wie gut ausgebildet oder wie geschickt er ist.

Das klingt logisch. Aber wer mit unverstelltem Blick in die Wirklichkeit schaut, wird feststellen: Ganz so einfach kann es nicht sein. Denn sowohl weltweit als auch innerhalb Deutschlands gilt: Dort wo die durchschnittlichen Löhne besonders hoch sind, ist die Arbeitslosigkeit niedrig. Dänemark zum Beispiel ist eines der Länder mit den wenigsten Arbeitslosen, aber auch eines mit den höchsten Löhnen auf der Welt. Innerhalb Deutschlands sind die Löhne im Großraum München und Stuttgart so hoch wie kaum sonstwo. Gleichzeitig gibt es hier weit weniger Arbeitslose als in Gegenden, beispielsweise in Ostdeutschland, wo die Löhne eher niedrig sind. Die Wahrheit über die Arbeitslosigkeit ist also etwas komplizierter als die platte Behauptung »Arbeitslos ist derjenige, der zu viel Geld für seine Arbeitskraft verlangt«.

Die Wahrheit über die Arbeitslosigkeit geht eher in folgende Richtung: Unsere Wirtschaft ist darauf aufgebaut, ständig produktiver zu werden. Das heißt, um das Gleiche herzustellen oder anzubieten, wird laufend weniger menschliche Arbeitskraft gebraucht. Das galt schon in dem Moment, als vor langer Zeit Menschen Ochsen vor einen Pflug spannten, statt einen Acker mit den eigenen Händen zu pflügen. Das galt insbesondere von dem Moment an, als im 19. Jahrhundert in immer mehr Bereichen Maschinen eingesetzt wurden. Und es gilt heute noch beim Zusammenschrauben von Autos genauso wie beim Kaufen von Konzert-Tickets über das Internet. In Bereichen, in denen vor fünfzig oder hundert Jahren noch Millionen Menschen beschäftigt waren, wird eine große Zahl von Arbeitnehmern schlicht nicht mehr gebraucht.

Wenn die Dinge gut laufen, entstehen gleichzeitig an anderen Stellen neue Arbeitsplätze: in der Entwicklung von Computerprogrammen, in der Bildung, in Gaststätten und Kneipen, in der Betreuung kranker Menschen oder wo auch immer. Das allerdings setzt voraus, dass es einfallsreiche Köpfe gibt, die sich ständig neue Produkte oder Dienstleistungen ausdenken – und dass diese einfallsreichen Köpfe jemanden finden, der diese Produkte kauft und bezahlt.

Die Frage, wie die Würfel fallen

Wenn in einer Gegend, in der früher Tausende Menschen im Kohlebergbau arbeiteten, die letzte Zeche dichtgemacht hat, dann gibt es für diese Gegend zwei Wege, die sie gehen kann. Wenn es schlecht läuft, gibt es nach der Schließung der letzten Zeche einfach Tausende ehemalige Bergarbeiter ohne Job. Weil sie keinen Job haben, werden sie bald nicht mehr genügend Geld haben, um sich von Fachleuten aufwendige TV-Anlagen installieren zu lassen, ihre Häuser renovieren zu lassen, sich schicke Kleidung zu kaufen, immer mal wieder einen trinken oder ins Kino zu gehen – und so weiter. Es dauert nicht lange, bis die ganze Gegend verarmt. Nicht nur die arbeitslosen Bergarbeiter haben kein Geld mehr, sondern auch Bauunternehmer, Ladenbesitzer oder Wirte. Und nach der letzten Zeche macht auch das letzte Kino irgendwann dicht.

Wenn es gut läuft, gibt es ein paar pfiffige und wendige Leute, die dort, wo die Zechen waren, mit ganz anderen Dingen Geld verdienen. Vielleicht entwickeln sie Techniken zur umweltfreundlichen Energiegewinnung – und die Software dafür gleich mit. Ihre Produkte sind weltweit gefragt. Weil sie damit gut verdienen, können sie ihr Geld in aufgemotzte Wohnungen stecken, während der Arbeitspausen in trendigen Coffeeshops literweise Latte Macchiato trinken und sich abends Wellness-Massagen leisten. Wovon nicht nur Bauarbeiter in der Gegend etwas haben, sondern auch Innenarchitekten, Betreiber von Wellness-Studios oder Bedienungen in In-Cafés. Das Dumme dabei ist: Das eine, simple Rezept, mit dem man sagen kann »Auf diese Weise verwandle ich eine Region in eine blühende Landschaft«, gibt es nicht.

Arbeitslosigkeit erwünscht

Und – ohne die Gruppe der Chefs und Arbeitgeber beleidigen zu wollen – eines muss klar sein: Wer Leute für sich arbeiten lässt, hat durchaus ein Interesse daran, dass es eine gewisse Zahl von Arbeitslosen gibt. Wenn vor dem Fabriktor hundert Leute stehen, die gern einen Job hätten, dann sind diejenigen, die in der Fabrik am Band stehen, weniger rebellisch. Wenn hundert arbeitslose junge Leute gern wenigstens ein Praktikum hätten (weil sie eine feste Stelle sowieso nicht kriegen), dann können Chefs es sich leisten, für ein Praktikum keinen Cent Lohn zu zahlen. Auch wenn die sogenannten Praktikanten vielleicht ein halbes oder auch ein ganzes Jahr echte Arbeit leisten. Ein bestimmtes Maß an Arbeitslosigkeit gehört also zu der Art, wie wir wirtschaften, schlicht dazu.

Denn unsere Art zu wirtschaften ist nicht von einem allwissenden übersinnlichen Wesen erschaffen worden, um möglichst viele

Menschen möglichst glücklich zu machen. Sondern unsere Art zu wirtschaften hat sich über die vergangenen Jahrtausende und Jahrhunderte entwickelt, indem Menschen Ideen hatten, wie sich Geld verdienen lässt. Und indem sie darüber stritten, wie man Geld verdienen sollte.

Dass »die Wirtschaft« nicht in erster Linie dazu da ist, möglichst viele möglichst reich und glücklich zu machen, das spüren aber nicht nur Arbeitslose, sondern auch eine andere Gruppe von Menschen: diejenigen, die einen Job haben, aber von ihm nicht leben können. Es lohnt sich, diesen Leuten, die im Englischen »working poor« genannt werden, ein eigenes Kapitel zu widmen.

Wie man verarmt: Modell »Working poor«

Oder: Warum es Stundenlöhne gibt, die unter Babysitter-Niveau liegen

Wenn junge Leute Erwachsene ordentlich schockieren möchten, dann antworten sie auf die Frage, was sie denn beruflich machen möchten, mit den Worten: »Ich werde Hartzer.« Soll heißen: Ich habe gar nicht vor, einmal arbeiten zu gehen. Allerdings ist vielen, die eine solche Antwort geben, eines meist nicht bewusst: Es gibt Hunderttausende Männer und Frauen in Deutschland, die durchaus arbeiten – und dennoch auf die als Hartz IV bekannte Grundsicherung angewiesen sind.

»Aufstocker« werden Menschen genannt, die ohne Hartz-IV-Zahlungen nicht leben können, obwohl sie arbeiten. Oftmals haben sie sogar eine Vollzeitstelle. Doch der Lohn, den sie dafür bekommen, reicht nicht aus, um damit ihren Lebensunterhalt zu bestreiten. Wer fünf oder sechs Euro Stundenlohn hat, bekommt meist nicht genug zusammen, um davon Miete, Kleidung, Essen und so weiter zu bezahlen. Zumal wenn noch Kinder im Haushalt leben.

Stundenlöhne von fünf oder sechs Euro sind in Deutschland gar nicht so selten. Und damit ist nicht der Stundensatz gemeint, den in den Villenvierteln von Düsseldorf oder Berlin manche Schüler dafür bekommen, dass sie abends als Babysitter in einer fremden Wohnung vor dem Fernseher sitzen. Egal ob man Mitarbeiter großer Reinigungstrupps fragt, Leute, die in Schlachtereien arbeiten, oder auch Menschen in Gartenbaubetrieben – Niedriglöhne gibt es in vielen Bereichen.

Der Wert der Arbeitsstunde

Wenn man anschließend Ökonomen fragt, wie es denn kommt, dass die einen fünf oder sechs Euro verdienen, während andere 15 oder 16 Euro bekommen oder auch 50 oder 60 Euro, dann wird die Antwort lauten: »Wer wenig verdient, ist nicht besonders produktiv.« Will heißen: Wer eine Arbeit verrichtet, der in unserer Gesellschaft kein hoher Wert zugemessen wird, bekommt auch nicht viel Geld für seine Arbeit.

Doch dieses Argument dreht sich im Kreis. Denn der Wert einer Arbeitsstunde hat nicht unbedingt etwas mit der Arbeit selbst zu tun. Man könnte ja der Ansicht sein, dass eine Reinigungskraft, die in einem Krankenhaus für Sauberkeit sorgt, ausgesprochen produktiv ist. Immerhin wirkt die Putzfrau aktiv daran mit, dass in der Klinik Leben gerettet und Menschen geheilt werden können. Eine solche Arbeit sollte also eigentlich als wertvoll gelten. Auch wenn die Reinigungskraft vielleicht keinen Schulabschluss hat.

Gleichzeitig könnte man der Ansicht sein, dass ein Bandarbeiter (ebenfalls vielleicht ohne Schulabschluss), der in einer Waffenfabrik Panzer oder Maschinengewehre zusammenschraubt, im eigentlichen Sinne überhaupt nicht produktiv ist. Schließlich sind Waffen vor allem dazu da, etwas zu zerstören. Es gibt zwar eine Reihe Leute, die finden, dass die Waffen, mit denen zum Beispiel die Bundeswehr ausgestattet ist, etwas sehr Wertvolles schaffen, nämlich Frieden. Aber das ist nicht der Grund dafür, warum der Bandarbeiter in der Waffenfabrik mehr verdient als die Putzfrau im Krankenhaus. Der Grund für die Einkommensunterschiede heißt auch hier: Macht.

Gemeinsamkeit schafft Stärke – oder nicht?

Wenn Menschen mit ihrer Arbeitskraft sehr wenig verdienen, dann liegt das meist vor allem daran, dass sie es nicht schaffen, höhere Löhne durchzusetzen. Es kommt dabei nur sehr selten vor, dass ein Arbeitnehmer mit einem Chef sein Einkommen ganz auf eigene Faust aushandelt und versucht, einen Stundenlohn von zum Beispiel 18 Euro durchzudrücken, während der Chef 14 Euro anbietet. In den allermeisten Fällen läuft es anders: Jemand, der einen Job neu antritt, bekommt das Gehalt, das auch andere erhalten, die eine vergleichbare Arbeit leisten. Von einem Tarifgehalt ist dann die Rede. Ähnlich wie beim Handy-Tarif alle Kunden, die das gleiche Angebotspaket gewählt haben, den gleichen Preis zahlen.

Grundlage für die Tarifgehälter sind Verträge – die Tarifverträge. Sie unterscheiden sich von anderen Verträgen in einem wesentlichen Punkt. Sie werden nicht von einzelnen Personen geschlossen, sondern von Gruppen. Von der Gruppe der Arbeitnehmer auf der einen und der Gruppe der Arbeitgeber auf der anderen Seite. Genauer gesagt schließen Arbeitnehmer, die sich in einem Verband zusammengeschlossen haben – in einer Gewerkschaft –, den Vertrag mit Arbeitgebern, die sich meist ebenfalls in einem Verband zusammenschließen.

Ob sich ein Arbeitgeber auf einen Tarifvertrag verpflichten will, ist seine freie Entscheidung. Viele Unternehmen sehen darin Vorteile. So müssen sie mit ihren Beschäftigten nicht selbst über Arbeitszeit und Löhne verhandeln. Sie können einfach auf den Tarifvertrag verweisen. Dieser Vorteil überzeugt allerdings nicht alle Arbeitgeber. Zuletzt hatten in Ostdeutschland rund 54 Prozent der Beschäftigten einen Arbeitsvertrag, der an einen Tarifvertrag gekoppelt war, in Westdeutschland waren es 63 Prozent. Allerdings orientieren sich auch viele Firmen, die sich nicht fest an Tarifverträge binden, in einem gewissen Rahmen an deren Regelungen.

Neben Tarifverträgen für ganze Branchen gibt es auch Verträge für einzelne Firmen. Das ist meist bei besonders großen Unternehmen wie Volkswagen, Telekom oder Lufthansa der Fall.

Gewerkschaften: eine lange Geschichte mit ungewisser Zukunft

Solange Menschen für andere arbeiten, so lange sind sie immer wieder unzufrieden mit ihren Arbeitsbedingungen. Schon im Römischen Reich versuchten Sklaven immer wieder Aufstände. Ein solcher Aufstand mit einem Anführer namens Spartacus hat als Vorlage für eine Reihe von Büchern und Filmen gedient. Auch im Mittelalter verweigerten Bauern oder Handwerker immer mal wieder ihre Arbeitskraft. Aber erst mit der Industrialisierung begann die Geschichte der Gewerkschaften, wie wir sie heute kennen. So gründete sich im Jahr 1891 der »Deutsche Metallarbeiter-Verband« – ein Vorläufer der heutigen Industriegewerkschaft Metall. Damals, im Kaiserreich, wurden Gewerkschaften von den Herrschenden bekämpft. Später, während der Nazi-Diktatur, waren freie Gewerkschaften verboten. Erst mit der Gründung der Bundesrepublik erhielten die Gewerkschaften eine grundlegende rechtliche Absicherung. In der DDR gab es ebenfalls Gewerkschaften, aber sie waren in keiner Weise frei. Weil die DDR-Regierung behauptete, sie vertrete sowieso die Interessen der Arbeitnehmer, gab es kein Streikrecht. Heutzutage sind Gewerkschaften in Deutschland üblicherweise für ganze Wirtschaftszweige zuständig: die IG Metall für die gesamte Metall- und Elektroindustrie oder die IG BCE für Bergbau, Chemie und Energie. Die großen Gewerkschaften haben wiederum einen Dachverband: den Deutschen Gewerkschaftsbund DGB. Er kann aber nicht zu Streiks aufrufen und äußert sich vor allem zu politischen Themen. In letzter Zeit haben sich aber auch einzelne Berufsgruppen in Gewerkschaften organisiert. Insbesondere wenn diese Gruppen mit Streiks viel Macht ausüben können, sind solche Klein-Gewerkschaften durchaus erfolgreich, wie die Pilotengewerkschaft Cockpit oder die Klinikärzte-Gewerkschaft Marburger Bund. Ebenfalls klein sind die Christlichen Gewerkschaften, die sich im Christlichen Gewerkschaftsbund CGB organisiert haben. Sie wollen jedoch gar keine Macht ausüben. Von Streiks halten sie nichts. In den meisten Branchen sind die CGB-Gewerkschaften bedeutungslos. Aber auch der Einfluss der DGB-Gewerkschaften schwindet. Im Jahr 2009 waren knapp 6,4 Millionen Männer und Frauen Mitglied in den Einzelorganisationen des Deutschen Gewerkschaftsbundes – bei mehr als 30 Millionen Erwerbstätigen in Deutschland.

Das Recht, zu Hause zu bleiben

Die Zahl der Tarifverträge in Deutschland summiert sich auf mehrere tausend. Denn die Gewerkschaften versuchen, so viele Bereiche wie möglich abzudecken. So gibt es für den Erwerbsgartenbau im Bundesland Sachsen ebenso Tarifverträge wie für die freien Mitarbeiter des Bayerischen Rundfunks. Und die Verträge regeln bei Weitem nicht nur Einkommen und Arbeitszeiten, sondern auch Fragen wie die Übernahme von Azubis oder Leistungen für Mütter.

Für die meiste Aufmerksamkeit in den Medien sorgen fast immer die Gehalts-Tarifverhandlungen, die für fast sämtliche Branchen alle ein bis zwei Jahre stattfinden. Denn bei ihnen kommt es am ehesten vor, dass die Gewerkschaften ihr stärkstes Machtmittel einsetzen: den Streik.

Üblicherweise dürfen Arbeitnehmer nicht einfach zu Hause bleiben, wenn ihnen etwas nicht passt. Wer das auf eigene Faust probiert, kann von seinem Chef ohne große Probleme rausgeworfen werden. Bei einem größer angelegten Arbeitskampf gelten andere Regeln. Wenn Tarifverhandlungen scheitern, können die Gewerkschaften ihre Mitglieder befragen, ob es eine ausreichende Mehrheit für einen Streik gibt. Wenn diese Mehrheit zusammenkommt und die Gewerkschaft den Arbeitskampf ausruft, können die Beschäftigten von ihrer Arbeit fern bleiben, ohne dass ihr Arbeitgeber sie dafür bestrafen darf.

Allerdings muss der Arbeitgeber für Streiktage auch kein Gehalt zahlen. Stattdessen leistet die Gewerkschaft an ihre Mitglieder eine Ausgleichszahlung für die Gehaltseinbußen. Weil dieses Streikgeld aus den Beiträgen der Gewerkschaftsmitglieder gezahlt wird, bekommen es auch nur Mitglieder. Womit schnell klar wird: Dort wo eine Gewerkschaft nicht viele Mitglieder hat, wird sie keinen Streik ausrufen können. Denn es würde kaum jemand teilnehmen.

Tariflohn, Tarifarbeitszeit – eigentlich nur für Club-Mitglieder

Einen Streik zu organisieren und dabei mitzumachen, ist also üblicherweise eine Sache der Gewerkschaftsmitglieder. Im Gegenzug haben auch nur sie ein einklagbares Recht auf das, was bei Tarifverhandlungen herauskommt. Wenn in einer Branche beispielsweise ein Gehaltsplus von 100 Euro im Monat ausgehandelt wird, dann müssten die Arbeitgeber diese zusätzliche Summe im Grunde nur den Gewerkschaftsmitgliedern zahlen. Denn sie bilden gemeinsam den Verband, der der Vertragspartner der Arbeitgeber ist.

Tatsächlich zahlen die Arbeitgeber mit den Gewerkschaften vereinbarte Lohnerhöhungen aber an alle Beschäftigten. Denn wenn sie das nicht täten, würden alle, die leer ausgehen, massenhaft in die Gewerkschaften eintreten – um auch etwas von den Verbesserungen zu haben. Die meisten Arbeitgeber haben aber kein sonderlich großes Interesse an starken Gewerkschaften. Daher geben sie das, was eigentlich nur den Gewerkschaftern zusteht, sämtlichen Mitarbeitern.

Eine Frage der Stärke

Und das könnte eine Antwort auf die Frage sein, warum jemand mit Hauptschulabschluss, der im Bewachungsgewerbe oder bei einem Reinigungsunternehmen arbeitet, nur die Hälfte oder ein Drittel dessen verdient, was ein Arbeiter – mit Hauptschulabschluss – bei VW, BMW oder Audi verdient: In der Autoindustrie hat die zuständige Gewerkschaft IG Metall seit Jahrzehnten genug Macht, um hohe Löhne durchzusetzen. Auch in der Rüstungsindustrie, von der oben kurz die Rede war, ist die Gewerkschaft stark genug, um selbstbewusst aufzutreten. In vielen anderen Branchen haben die Arbeitnehmerorganisationen diese Macht nicht – oder nicht mehr. Denn vor allem seit der Wiedervereinigung verlieren sie Jahr für Jahr Tausende Mitglieder. Wo diese Entwicklung hingeht, ist unklar.

Es gibt unterschiedliche Meinungen darüber, welche Folgen der Machtverlust der Gewerkschaften hat. Viele Arbeitgeber sind der Ansicht, starke Gewerkschaften würden Löhne durchsetzen, die eigentlich zu hoch sind. Mit der Folge, dass Arbeitsplätze gestrichen werden. Oder die Jobs werden in andere Länder verlagert, wo die Löhne niedriger sind. Allerdings ist das Recht der Arbeitnehmer, gemeinsam bessere Arbeitsbedingungen durchzusetzen, mit gutem Grund gesetzlich geschützt. Wenn das Aushandeln von Lohn oder Arbeitszeit jedem Einzelnen überlassen bleibt, findet sich immer einer, der es noch billiger macht. Und am Ende werden Löhne von ein paar Euro in der Stunde gezahlt, von denen keiner leben kann. In einigen Bereichen kann inzwischen auch in Deutschland ein sogenannter Mindestlohn von oben festgesetzt werden. Damit sind die Billigjobs aber bei Weitem nicht abgeschafft.

Gegen die Behauptung, die Gewerkschaften seien zu mächtig, spricht außerdem eine simple Tatsache: Seit vielen Jahren sinkt der Anteil der Arbeitnehmerlöhne am gesamten Einkommen des Landes. Der Anteil der Einkommen aus Kapital oder Zinsen steigt gleichzeitig an. Die Macht, die darin liegt, Geld zu besitzen, ist also offensichtlich immer noch weit größer als die Macht der Arbeitnehmer, höhere Verdienste durchzusetzen.

12

Wie man verarmt: Modell »Falsche Krankheit«

Oder: Warum auch im – angeblich – besten Gesundheitssystem der Welt Krankheit arm machen kann

Sofia ist dreizehn, aber sie kann nicht sprechen, laufen oder allein essen. Sie liegt seit sieben Jahren im sogenannten Wachkoma. Kurz nachdem sie in die erste Klasse kam, hat eine bis jetzt nicht erklärbare Krankheit ihr Gehirn befallen. »Der reine Albtraum, eine Situation, die man eigentlich keine halbe Stunde aushält«, sagt ihre Mutter. Das Mädchen wird bei sich zu Hause 17 Stunden am Tag von Pflegekräften betreut. Um den Rest, also sieben Stunden täglich, kümmern sich die Eltern. Daneben haben sie jeweils eine Vollzeitarbeitsstelle und ein weiteres Kind, für das sie sorgen.

Als ob das nicht genügen würde, wären Sofias Eltern um ein Haar auch noch tief in die Armut abgerutscht. Sie sollten für die Hilfe durch Pflegekräfte 2700 Euro im Monat als Eigenanteil zahlen. Denn das Sozialsystem in Deutschland zahlt vieles, aber bei Weitem nicht alles. Die Krankenkasse empfahl Sofias Eltern deshalb gleich, sich beim Sozialamt zu melden. Damit wäre auch in finanzieller Hinsicht das bis dahin ganz normale Leben der Familie vorbei gewesen. Sie wäre auf Zuteilungen und Genehmigungen der Behörde angewiesen gewesen.

Deutschland vorn?

»Deutschland hat eines der besten Gesundheitssysteme der Welt.« Dieser Satz ist von Politikern aller Parteien immer wieder zu hören. Oder sie behaupten gleich, Deutschland habe die beste Gesundheitsversorgung überhaupt. Und es gibt einiges, was dafür spricht, dass Deutschland im weltweiten Vergleich gut dasteht. Es gibt hier so viele Ärzte und Krankenhäuser wie kaum sonst wo auf der Welt. Alle Versicherten haben Zugang zu Opera-

tionen, die Zigtausende Euro kosten können. Wer Medikamente braucht, erhält sie in der Regel auch – obwohl für die teuersten Arzneien auch mal eine halbe Million Euro im Jahr fällig werden kann (siehe Kapitel 3). Die Söhne und Töchter der meisten Arbeitnehmer sind hierzulande auf eine Weise abgesichert, von der viele Kinder auf der Welt nur träumen können. Wenn die Eltern bei einer gesetzlichen Krankenkasse sind, zahlen sie für ihre Kinder nichts. Auch Eigenbeteiligungen, wie sie bei Erwachsenen üblich sind, werden bei Kindern nicht fällig.

»Viel« heißt nicht »alles«

Die Krankenversicherung in Deutschland ist also gut ausgestattet. Aber sie ist bei Weitem kein Goldesel, der alles bezahlt. Denn die Beiträge, die die Arbeitnehmer von ihrem Lohn an die Kassen abführen, lassen sich nicht beliebig steigern. Zuletzt mussten die Beschäftigten von 100 Euro Bruttolohn gemeinsam mit ihren Arbeitgebern rund 15 Euro an die Krankenversicherung zahlen. Dazu kommen noch Beiträge an die Renten-, Arbeitslosen- und Pflegeversicherung. Gemeinsam bilden sie die gesetzliche Sozialversicherung. Neben den Überweisungen an die Sozialversicherung müssen die meisten Arbeitnehmer außerdem Steuern zahlen. Mit der Folge, dass von 100 Euro, die auf dem Lohnzettel stehen, am Ende mitunter nur 40 oder 45 Euro übrig bleiben.

Es ist Ansichtssache, ob die Abzüge durch Sozialversicherung und Steuern zu hoch sind – oder ob sie nicht ein angemessener Preis sind, mit dem die Bürger umfangreiche Gegenleistungen des Staates und der Sozialversicherung bezahlen. Unter Politikern und den meisten Kassenvorständen hat sich jedenfalls die Meinung durchgesetzt: Es ist keine gute Idee, höhere Abgaben zu verlangen.

Schon seit Jahrzehnten bemühen sich Gesundheitspolitiker daher um eine sogenannte *Kostendämpfung*. Sie haben Tausende verschiedene Regeln erdacht, damit die Ausgaben für Krankenhäuser, Ärzte oder Arzneien nicht unbezahlbar werden. In regelmäßigen Abständen werden Gesetzespakete mit dem Namen »Gesundheitsreform« verabschiedet. Dass die Politiker ständig weiter am Gesundheitswesen herumbasteln und niemals verkünden »Jetzt haben wir die perfekte Lösung gefunden«, hat seinen Grund.

Krankheit ist kein Konsum

Am Gesundheitswesen zeigt sich, dass die Kräfte des Marktes in vielen Bereichen ganz gute Ergebnisse liefern mögen. Wenn es um Krankheiten geht, knirscht die Marktmaschine allerdings gewaltig. Kranke sind keine Kunden, die Entscheidungen treffen in der Art: »Ach, die Krebsoperation nehme ich lieber nicht, da passt mir das Preis-Leistungsverhältnis nicht.« Andererseits sind im Gesundheitswesen jede Menge gewinnorientierte Unternehmer unterwegs. Ärzte mit eigener Praxis und auch Apotheker sind nichts anderes als Kleinunternehmer. Viele Krankenhäuser gehören Privatleuten oder auch Aktiengesellschaften. Die Herstellung von Arzneien ist komplett in der Hand von Privatunternehmen, darunter eine ganze Reihe von ausgesprochen ehrgeizigen Großkonzernen.

Alle diese Firmen und Einzelunternehmer möchten gern möglichst viel Geld verdienen. Die Krankenversicherungen versuchen gleichzeitig, das Gewinnstreben der Gesundheitsunternehmer im Zaum zu halten. Denn die Umsätze von Krankenhäusern, Pharmaindustrie oder Ärzten sind auf der anderen Seite Ausgaben der Krankenversicherer.

Weit wichtiger als jedes Privatunternehmen – die öffentliche Wirtschaft

»Wirtschaft wird in der Wirtschaft gemacht« – so lautet ein Spruch, der so viel heißen soll wie: »Für das wirtschaftliche Wohlergehen sorgen private Firmen und Unternehmer.« Tatsache ist aber, dass ein sehr großer Teil der Wirtschaftsleistung vom Staat finanziert wird. In seine Verantwortung fallen Ausgaben für den Bau von Straßen, Schulen oder Universitäten ebenso wie die Gehälter von Polizisten oder Lehrern. Auch die Sozialversicherungen, denen der Staat ihre Regeln vorgibt, spielen eine gewichtige Rolle im Wirtschaftsleben. Denn sie lenken dreistellige Milliardensummen bei der Rente und im Gesundheitswesen. Insgesamt machte diese sogenannte »Staatsquote« zuletzt rund 44 Prozent der gesamten Wirtschaftsleistung aus. Zeitweise lag der Wert auch schon bei über 49 Prozent. Der Wohlstand in Deutschland hängt also fast zur Hälfte von Geld ab, das öffentliche Stellen organisieren. Damit liegt Deutschland im internationalen Vergleich keineswegs an der Spitze. Die meisten anderen europäischen Länder halten es für den richtigen Weg, die Staatsquote höher zu legen.

Hier prallt also einiges aufeinander: Wirtschaftsunternehmen, die so viel Umsatz wie möglich machen möchten. Versicherungen, die diesen Umsatz bezahlen sollen, sich dagegen aber wehren. Die Politik, die den Wirtschaftsunternehmen auf der einen Seite und den Versicherungen auf der anderen Seite die Regeln vorgibt, wenn sie miteinander in den Ring steigen. Und zwischen den Fronten stehen die Kranken.

Auch die privaten Krankenversicherungen, die für etwa ein Zehntel der Deutschen zuständig sind, geben das Geld nicht mit vollen Händen aus. Ärzte erzählen zwar oft, die Privatversicherungen seien großzügiger. Doch bei den Privatversicherern steigen die Ausgaben noch schneller als bei den gesetzlichen Kassen – weshalb die Privaten in vielerlei Hinsicht versuchen, den Gesetzlichen ähnlicher zu werden.

Die Dauerbaustelle

Die Behandlung von Kranken und die Regeln des Marktes passen also in vielerlei Hinsicht nicht zusammen. Die Politik versucht zwar laufend, das Ganze »passend zu machen«. Doch das kann niemals abschließend gelingen. Die Folge ist eine wachsende Unzufriedenheit bei vielen Beteiligten. Ärzte etwa sehen sich häufig als Opfer von Kostendämpfungs-Maßnahmen und protestieren deshalb immer wieder. Aber auch Patienten bekommen das Knirschen in der Gesundheitsmaschinerie unangenehm zu spüren.

So hat im Fall von Sofia die zuständige Kasse erklärt, nach den geltenden Gesetzen müsse sie von den Pflegekosten des schwerkranken Mädchens nur rund drei Viertel übernehmen. Den Rest hätten die Eltern selbst zu tragen. Was die gesetzliche Krankenversicherung zahlt und was nicht, ist – wie der Name schon sagt – in Gesetzen festgelegt. Und ob die richtig angewendet werden, lässt sich vor Gericht überprüfen.

Sofias Eltern haben gegen die Krankenkasse geklagt, weil sie nicht einsahen, dass sie 2700 Euro im Monat selbst zahlen sollten. Und die Eltern bekamen recht. Während sie sich mit Rechtsanwälten und Gerichten herumschlugen, lernten Sofias Eltern aber auch Familien kennen, die nicht so erfolgreich waren. Die hatten am Ende nicht nur ein schwerkrankes Kind, sondern waren auch finanziell ruiniert.

Und es gibt viele Möglichkeiten, als schwerkranker Mensch durch die Maschen des vermeintlich besten sozialen Netzes der Welt zu rutschen. Wie die alleinerziehende Verkäuferin beispielsweise, die an Krebs erkrankt ist. Das Krankengeld, das Menschen erhalten, die länger arbeitsunfähig sind, beträgt 70 Prozent des letzten Einkommens. Doch wer – wie die Verkäuferin – mit seinem Arbeitslohn gerade so auskommt, kann nicht einfach auf 30 Prozent verzichten. Oder der 42-jährige Vater von zwei Kindern, der einen Schlaganfall erlitt. Vorher hatte er als Alleinverdiener ein recht ordentliches Einkommen nach Hause gebracht. Deshalb hat seine Frau ihren Beruf aufgegeben und sich um den Haushalt gekümmert. Als die Krankheit des Mannes, der ja nicht mehr arbeiten konnte, das Familieneinkommen drastisch nach unten drückte, fand seine Frau aber keine neue Stelle. Und die Familie rutschte ab.

Das deutsche Sozialsystem ist also kein Schlaraffenland. Das gilt auch für die Renten – doch für die lohnt ein eigenes Kapitel.

13

Wie man verarmt:
Modell »Altersarmut«

Oder: Saugen die Alten die Jungen aus?

Rund 200 Milliarden Euro – das ist die Summe, die die gesetzliche Rentenversicherung in Deutschland jährlich auszahlt. In Ziffern: 200 000 000 000 Euro. Kann es da Rentner geben, denen es schlecht geht?

473 Euro – das ist die Summe, die Frauen in Westdeutschland im Jahr 2008 im Schnitt als gesetzliche Altersrente bekommen haben. Bei Männern waren es 970 Euro. In dem Mittelwert sind Rentner enthalten, die einiges mehr erhalten. Es sind aber auch Rentner mit eingerechnet, die unter dem Schnitt liegen. Und bei denen ist das Geld knapp.

Sind Deutschlands Rentner also arm dran? Sicher nicht. Im Gegenteil. Heute leben 65-Jährige oder 75-Jährige im Schnitt in einem Wohlstand, von dem ihre Altersgenossen vor fünfzig oder hundert Jahren nur träumen konnten. Im 19. Jahrhundert arbeiteten die meisten Menschen so lange, wie ihre Gesundheit es zuließ. Topfit in den Ruhestand zu gehen, um die Geranien auf dem

Balkon zu pflegen oder mit Nordic-Walking-Stöcken durch Mallorca zu wandern, war früher undenkbar. Aber genau dieses Leben können sich heute viele Rentner gönnen. Vor allem dann, wenn sie neben ihrer gesetzlich geregelten Altersversorgung noch weitere Einkünfte haben: Betriebsrenten oder Erträge aus privaten Geldanlagen.

Doch auch das Bild von sonnengebräunten Senioren, die sich mit Blick aufs Mittelmeer mit dem Sangría-Glas zuprosten, ist nur ein Teil der Wahrheit. Tatsache ist, dass es *den* Rentner nicht gibt. Vielmehr lassen sich Deutschlands Rentner in drei Gruppen einteilen: Den einen geht es finanziell wirklich gut. Die zweite Gruppe kommt so halbwegs über die Runden. Die dritte Gruppe muss jeden Euro dreimal umdrehen oder ist auf eine staatliche Grundsicherung angewiesen, die dem entspricht, was jüngere Menschen als »Hartz IV« bekommen (siehe Kapitel 9 und 10).

Wer hatte, dem wird gegeben

Dabei gilt die Regel: Wer während seines Arbeitslebens gut dasteht, dem wird es als Rentner meist auch ganz ordentlich gehen. Denn die Höhe der gesetzlichen Rente richtet sich danach, wie hoch die Beiträge sind, die jemand einzahlt, solange er noch jünger ist. Und weil die Beiträge jeweils einen gewissen Prozentsatz vom Einkommen ausmachen, zahlt derjenige, der mehr verdient, auch mehr ein. Dementsprechend hat er später auch höhere Ansprüche. Wer über den längsten rechtlich möglichen Zeitraum – das sind 45 Jahre – den jeweiligen Höchstbeitrag gezahlt hat, konnte im Jahr 2009 auf eine gesetzliche Rente von 2135,90 Euro im Monat kommen. Das ist ein Mehrfaches dessen, was der Durchschnitt der Rentner bekam. Denn in diesen Durchschnitt sind ja auch viele Niedrigrenten eingerechnet.

Wer im Berufsleben viel hatte, dem wird also auch im Alter viel gegeben. Hier unterscheidet sich die Rentenversicherung von der gesetzlichen Krankenversicherung. Bei der Krankenversicherung zahlen die Versicherten zwar ebenfalls – je nach Einkommen – unterschiedlich hohe Beiträge. Doch die Leistungen sind für alle gesetzlich Versicherten gleich.

Vormittags eingenommen, nachmittags ausgegeben

In der Sozialversicherung gibt es dabei eine Besonderheit. Wenn heute ein Arbeitnehmer beispielsweise 400 Euro von seinem Einkommen an die Rentenkasse abführt, dann wird dieses Geld keineswegs auf einem mit seinem Namen versehenen Konto angelegt, damit er es später wieder für sich abheben kann. Die 400 Euro des einen Arbeitnehmers werden vielmehr mit 800 Euro von zwei weiteren zusammengelegt. Damit wird dann einem Rentner, der Anspruch auf 1200 Euro Monatsrente hat, sofort sein Geld ausgezahlt.

Die Rentner von heute haben also vor 20 oder 30 Jahren, als sie selbst noch berufstätig waren, die Rentner von damals finanziert. Heute hingegen finanzieren die heute Berufstätigen die jetzigen Rentner. Dieses sogenannte Umlagesystem hat seine Vorteile. Die

Frage, wie sich Aktienkurse entwickeln oder wie die Zinsen für Kapitalanlagen stehen, sind für die gesetzliche Rentenversicherung einigermaßen uninteressant. In den USA, wo viele Renten auf Wertpapiere aufgebaut sind, leben hingegen Millionen Menschen in der Ungewissheit, ob ihr Ruhegeld wirklich so fließt, wie sie es sich erhofft haben.

Leben auf der »demografischen Bombe«?

»Die Rente ist sicher« – diesen Spruch hat der frühere Sozialminister Norbert Blüm eigenhändig an eine Litfaßsäule geklebt, um zu zeigen, dass das deutsche Rentensystem Vorteile hat. Blüm und seine Nachfolger haben sich dafür viel Spott anhören müssen. Denn das Rentensystem hat auch Probleme. Das Beispiel vom Rentner, der 1200 Euro bekommt, weil drei Leute im erwerbsfähigen Alter jeweils 400 Euro einzahlen, funktioniert nur, wenn es tatsächlich diese drei Jüngeren gibt. Wenn viele Berufstätige in die Arbeitslosigkeit rutschen, dann gerät die Rentenversicherung in Schwierigkeiten. Ein zusätzliches Problem bekommt sie, wenn immer mehr Menschen auf diversen Niedriglohnstellen herumjobben, bei denen nicht viel für die Rentenkasse abfällt. Und ein besonders großes Problem bekommt die Rentenversicherung, wenn in einem Land immer weniger Menschen leben, die in dem Alter sind, in dem man üblicherweise arbeitet – während es gleichzeitig immer mehr Menschen gibt, die Rente beziehen.

Politiker oder auch Wirtschaftswissenschaftler warnen immer wieder vor einer »demografischen Zeitbombe« oder gar einem

»Demografie-Tsunami«. Denn die Demografie – also die Wissenschaft, die sich mit der Bevölkerungsentwicklung beschäftigt – liefert recht unerbittliche Ergebnisse. So gibt es Berechnungen, wonach im Jahr 2030 in Deutschland auf einen Menschen, der älter als 65 ist, nur noch zwei Menschen kommen werden, die zwischen 20 und 64 sind – also im typischen Alter von Erwerbstätigen. Im Jahr 2009 hat dieses Verhältnis noch rund eins zu drei betragen. Im Jahr 1955 lag es noch bei rund eins zu fünf.

Ein Grund für diese Entwicklung: Die Menschen werden immer älter. Mädchen, die im Jahr 2008 in Deutschland geboren wurden, können – statistisch gesehen – darauf hoffen, dass sie im Schnitt 82,4 Jahre alt werden. Bei Jungs liegt die Zahl bei 77,2 Jahren. Das sind jeweils über zehn Jahre mehr als bei denen, die um das Jahr 1950 geboren wurden. Was aber noch schwerer wiegt: Kinder zu bekommen (vor allem viele Kinder), ist in Deutschland

RELATION VON ERWERBSFÄHIGEN ZU RENTNERN

	ERWERBSFÄHIGEN	RENTNERN
1955		5:1
1991		4:1
2006		3:1
2030		2:1

nicht mehr sonderlich beliebt. Hundert Frauen bringen im Schnitt 140 Kinder zur Welt. Damit das Verhältnis von Alt zu Jung halbwegs gleich bleibt, müssten es rund 200 Kinder je 100 Frauen sein. Denn die Frauen müssen diese Aufgabe ja für die Männer sozusagen mit übernehmen, da Männer bekanntlich keine Kinder kriegen können.

Die Demografie ist in dieser Frage doppelt unerbittlich. Wenn in einem Land einige Zeit lang weniger Kinder auf die Welt kommen, als eigentlich nötig wären, um die Altersstruktur im Gleichgewicht zu halten, dann hat das auch später Folgen. Die Mädchen, die im Jahr 1990 *nicht* auf die Welt gekommen sind, können sich ab dem Jahr 2010 bis 2030 auch nicht überlegen, ob sie – als inzwischen erwachsene Frauen – vielleicht Kinder zur Welt bringen möchten. Denn diese Mädchen gibt es ja gar nicht.

Es ginge auch anders

Haben also diejenigen recht, die vor der »Demografie-Bombe« warnen? Können diejenigen, die heute 15, 25 oder 35 Jahre alt sind, ihre Hoffnung auf einen halbwegs bequemen Ruhestand komplett begraben? Die Antwort heißt: Ganz so schlimm wird es wohl nicht kommen. Denn ein Land, das in Wohlstand lebt, wird es sich auch leisten können, seine Rentner halbwegs in Wohlstand leben zu lassen – wenn es denn so gewollt ist.

Die besten Aussichten auf ein in finanzieller Hinsicht halbwegs sorgenfreies Alter haben dabei vor allem die, die schon während ihres Berufslebens gut dastehen. Wem es hingegen nicht gelingt, sich in jüngeren Jahren ein Polster zu schaffen, der wird im Alter wahrscheinlich hart gebettet sein.

Besonders schlecht stehen jene da, die das Gegenteil von Vermögen haben: Schulden. Und Wege in die Schuldenfalle gibt es viele. Wege heraus aus dieser Falle gibt es nur wenige. Doch für dieses Thema lohnt sich ein eigenes Kapitel.

Wie man verarmt:
Modell »Schuldenfalle«

Oder: Wie die einen an den Problemen der anderen gut verdienen

Die Zeitungsschlagzeile macht sich immer gut: »15-Jähriger hat 10000 Euro Handy-Schulden.« Und tatsächlich haben Schuldner-berater immer wieder mit jungen Leuten zu tun, die Tausende Euro mehr ausgeben, als sie ausgeben sollten. Die meisten Über-schuldeten in Deutschland – also Leute, die ihre Rechnungen beim besten Willen nicht mehr begleichen können – sind aber anders in ihre Misere gestürzt.

Zum Beispiel eine alleinerziehende Mutter von zwei Kindern: Als der Sekretärin gekündigt wurde, hat sie zunächst noch halb-wegs so weitergelebt wie bisher. Sie würde ja bald wieder einen Job finden, dachte sie. Um weiterhin die Miete für ihre Wohnung zahlen zu können, ordentliches Essen auf den Tisch zu bringen und auch ihr Auto zu behalten, hat sie Schulden gemacht. Ein Kredit bei einer Bank über ein paar tausend Euro. Ein anderer Kredit bei einer anderen Bank. Bestellungen bei Versandhäusern, bei denen sie Ratenzahlung vereinbart hat, statt sofort zu bezahlen. Schulden bei Freunden.

Den neuen Job fand sie aber nicht. Die Schulden stiegen gleichzeitig laufend an. Zu den 30000 Euro, die sie bald beisammen hatte, kamen jeden Monat noch einige hundert Euro neue Schulden. Denn sie hatte sich ja immer, wenn sie sich zusätzliches Geld borgte, verpflichtet, Zinsen zu zahlen. Doch das Geld dafür hatte sie nicht. Rund 30 Prozent aller Überschuldeten rutschen so in die Schuldenfalle: durch Arbeitslosigkeit.

Oder zum Beispiel der Altenpfleger, der dachte, es wäre eine gute Idee, einen eigenen Betrieb aufzumachen. Dass immer mehr Menschen gepflegt werden müssen, kann man ja überall lesen. Also hat er ein Dutzend Kollegen angestellt und einen Pflegedienst gegründet. Seinen Mitarbeitern hat er gezahlt, was er für einen gerechten Lohn hielt. Irgendwann merkte er aber, dass seine Ausgaben für Löhne und die gesamte Organisation seines Pflegedienstes weit höher waren als die Einnahmen. Als er den Laden wieder dichtmachte, saß er auf 150000 Euro Schulden. Über den Sorgen wegen dieser drückenden Last ist seine Ehe kaputtgegangen. Bei rund zehn Prozent der Überschuldeten nennt die Statistik »gescheiterte Selbstständigkeit« als Grund. Bei 13 Prozent lautet der Grund »Trennung, Scheidung, Tod des Lebenspartners«.

Millionen ohne Ausweg

Wie viele Menschen in Deutschland ihre Schulden nicht mehr zahlen können, darüber gibt es nur Schätzungen. Es könnten sechs bis sieben Millionen sein, die in der Schuldenfalle stecken – mit eingerechnet Kinder, deren Eltern überschuldet sind. Die Folgen haben nicht viel mit den flotten Werbesprüchen mancher Banken zu tun.

Überschuldet sein heißt: ständig Gläubiger im Nacken haben, die ihr Geld zurückwollen. Schwierigkeiten mit dem Chef bekommen, weil die Gläubiger direkt auf den Lohn zugreifen, ihn also pfänden lassen. Ungebetenen Besuch vom Gerichtsvollzieher bekommen, der aussucht, was sich vielleicht bei einer Versteigerung verkaufen lässt.

Wenn die Gläubiger auf den Lohn zugreifen, durften Schuldner zuletzt rund 990 Euro im Monat behalten – für Miete, Essen, Kleidung und was man sonst noch ausgeben möchte. Der Unterschied zu »Hartz IV« (siehe Kapitel 9 und 10) ist nicht groß.

Wer profitiert?

Wer aber hat etwas davon, wenn rund sieben Millionen Menschen in Deutschland in der Schuldenfalle stecken? Die Überschuldeten sicher nicht. Zunächst können sie sich zwar etwas leisten für das Geld, das sie geliehen haben. Doch sobald sie ihre Schulden nicht mehr zurückzahlen können, wird ihnen finanziell die Luft abgeschnürt. Und: Wer mehr Geld ausgeben will, als er gerade besitzt, muss an den, der ihm dieses Geld leiht, Zinsen zahlen.

So wie ein Fliesenleger, der sich 3000 Euro geliehen hat, um ein Auto zu kaufen. Die monatliche Rate von 69 Euro klang verlockend niedrig. Die sollte er aber sechs Jahre lang abstottern. Das heißt: Er hätte am Ende 5000 Euro zurückgezahlt – für 3000 Euro, die er bekommen hat. Gut 12 Prozent Zinsen hätte die Bank kassiert.

Hätte. Denn der Fliesenleger konnte seine Schulden nach einigen Monaten nicht mehr abzahlen. Dennoch verdient die Bank, die ihm das Geld geliehen hat, insgesamt gut an solchen Geschäften. Denn es ist fest eingeplant, dass einige Leute ihre Schulden nicht begleichen. Wenn eine Bank an hundert Kunden wie den oben genannten Fliesenleger jeweils 3000 Euro verleiht unter der Bedingung, dass sie 5000 Euro zurückbekommt, dann kann sie folgende Rechnung aufmachen: Falls fünf der hundert Kunden das Geld schuldig bleiben (was nach den Erfahrungen der Bankenbranche vergleichsweise hoch gegriffen ist), wären zwar 15000 Euro futsch. Von den anderen 95 Kunden streicht die Bank aber rund 190000 Euro Zinsen ein. Wenn man davon die 15000 Euro abzieht, die wegen der Überschuldeten verloren gehen, bleiben immer noch 175000 Euro übrig. Davon muss man zwar noch einmal Verwaltungskosten der Bank wegrechnen sowie die Zinsen, die die Bank üblicherweise wiederum an andere Stellen zahlt, um sich Geld zu leihen. Aber unterm Strich bleibt in jedem Fall ein hübscher Gewinn.

Und die Banken haben auch viele weitere raffinierte Wege entwickelt, wie man mit den Schulden anderer Leute Geld verdienen kann. Mancher Finanzprofi ist damit Milliardär geworden (siehe Kapitel 7). Denn bei den Überschuldeten zeigt sich eines: Die geradezu magische Erfindung des Kredits und des Zinses hat ein Doppelgesicht. Der Kredit, der ja vom lateinischen Wort »credere« (also »glauben«) kommt, macht es möglich, dass Menschen Neues schaffen können – wenn sie andere Menschen finden, die daran glauben und ihnen Geld für ihr Vorhaben leihen. In der Regel geschieht das gegen Zins. Der Kredit und vor allem der mit ihm verknüpfte Zins sind aber auch wie riesige Staubsauger, die dafür sorgen, dass die, die schon viel haben, noch mehr bekommen. Und er sorgt dafür, dass viele, die wenig haben, am Ende noch weniger besitzen (siehe auch Kapitel 5).

Ob es nicht auch anders gehen könnte – zu dieser Frage wäre ein einzelnes Kapitel zu wenig. Deswegen folgen gleich sieben davon.

Erster Versuch, es anders zu machen: Modell »Sozialismus«

Oder: Privateigentum abschaffen – geht das?

Eine Milliarde Menschen, die nicht genug zu essen haben. Ungerechte Verteilung von Geld und Besitz auch in den reichsten Ländern. Hunderte Millionen Menschen, wenn nicht Milliarden, denen ihre Arbeit keine Freude bereitet, sondern sie frustriert oder gar krank macht. Belastungen für die Natur, von denen nicht klar ist, wann sie zum großen Crash führen. Wenn man eine Bilanz zieht, wie die Menschen heute wirtschaften, kommt eine ganze Zahl von Minuspunkten zusammen.

Wie ginge es anders? Vor rund 160 Jahren gaben Karl Marx und Friedrich Engels in ihrem »Kommunistischen Manifest« darauf eine Antwort: weg mit dem Privateigentum. Wenn Fabriken, Ladengeschäfte oder Lkws nicht mehr einigen wenigen gehören, sondern dem breiten Volk, werde es nicht nur gerechter zugehen, behaupteten Marx und seine Anhänger. Es werde auch insgesamt mehr Wohlstand geben. Und die Menschen würden ihrer Arbeit gern nachgehen. Marx und Engels waren der festen Überzeugung, dass es nicht nur ungerecht, sondern auch unvernünftig ist, wenn ein kleiner Teil der Bevölkerung immer mehr Profit ansammelt – während der Rest für diesen Profit arbeiten muss.

Die Abschaffung des Privateigentums werde aber nicht nur das Leben der Menschen verbessern. Auch die Menschen selbst würden besser, glaubten die ersten Kommunisten. Von einem »ganz anderen Menschen«, den es bald geben werde, schrieb Friedrich Engels.

Das Sozialismus-Experiment

In Ländern wie Russland, Polen oder den östlichen Bundesländern Deutschlands ist einige Jahrzehnte lang ausprobiert worden, was geschieht, wenn Industrie, Läden oder auch Restaurants nicht einzelnen Leuten gehören, sondern staatliche Betriebe sind. Grundlage war die sozialistische Planwirtschaft. In dieser Wirtschaftsform überlegen nicht freie Unternehmer, was die Kunden möglicherweise haben wollen. Vielmehr versuchen Behörden zu erfassen, wer was wann braucht. Anschließend organisieren sie die Wirtschaft so, dass Arbeitskraft und Material möglichst in einer Weise eingesetzt werden, die den Bedarf deckt.

Und die Planwirtschaft schien zeitweise gar nicht so schlecht zu funktionieren. Bei der Entwicklung der Weltraumtechnik etwa meldete die Sowjetunion (in der Länder wie das heutige Russland, die Ukraine, Georgien oder Weißrussland zusammengeschlossen waren) in den 50er- und 60er-Jahren Erfolge, die den Eindruck machten, der kommunistisch regierte Staat könne die kapitalistischen USA tatsächlich abhängen. 1957 schoss die

Sowjetunion (oder auch UdSSR) den ersten Satelliten – mit dem Namen Sputnik – erfolgreich ins All. Der erste Satellitenversuch der USA nur wenige Wochen später endete hingegen im Desaster. Schon nach zwei Sekunden setzte das Triebwerk aus, die Rakete stürzte auf die Startplattform zurück, brach auseinander und explodierte in einem Feuerball. Im Westen wurde der »Sputnik-Schock« beklagt, während man in der Sowjetunion über den amerikanischen *Kaputnik* spottete. (Amerikanische Zeitungen schrieben vom *Flopnik* – unter diesem Stichwort lässt sich der Absturz bei YouTube besichtigen.) 1961 flog dann erstmals ein Mensch in einer Raumkapsel um die Erde – es war der Russe Juri Gagarin.

Der »Wettlauf ins All«, von dem damals die Rede war, bedeutete allerdings nicht nur ein technologisches Kräftemessen. Es ging auch um Machtdemonstrationen. Die neu entwickelte Raketentechnik ermöglichte es der Sowjetunion und den USA, die jeweils andere Weltmacht über Tausende von Kilometern hinweg mit Atombomben zu bedrohen. Denn es war ein Leichtes, einen Atomsprengkopf auf eine Rakete zu montieren.

Die sowjetische Staatsführung betonte dabei allerdings, es gehe ihr nicht nur um Technik und Wettrüsten. Im Jahr 1962 nahm sich die Sowjetführung vor, bis 1970 die USA beim allgemeinen Wohlstand einzuholen. Für 1980 kündigte die Kommunistische Partei voller Selbstbewusstsein an, sie werde die Amerikaner »weit hinter uns lassen«.

Damit wäre aber noch gar nicht das Ziel der Partei erreicht gewesen. Denn die UdSSR oder auch die DDR betrachteten sich noch nicht als kommunistische Staaten. Sondern sie sahen sich in einem Zwischenschritt, dem Sozialismus. Erst wenn im Sozialismus alles perfekt liefe, würden sich die Menschen und ihre Art zu wirtschaften so ändern, dass eine nächste, noch höhere Stufe erreicht wäre, so die Theorie. Diese höchste Stufe wäre dann der Kommunismus.

Versuch gescheitert

Es ist anders gekommen, ganz anders. In den 80er-Jahren hinkte der Lebensstandard in der Sowjetunion, aber auch in Polen, Ungarn oder der DDR meilenweit hinter dem der westlichen Staaten hinterher. Unbehagen und Unzufriedenheit der Bevölkerung wurden mit Gewalt unterdrückt. Es gab keine freien Wahlen, keine freien Gewerkschaften, keine Möglichkeit für die Bürger, sich das Land auszusuchen, in dem sie leben wollten. Und während in den marktwirtschaftlich organisierten Ländern ab den 70er-Jahren langsam das Bewusstsein wuchs, dass industriell erzeugter Wohlstand die Umwelt ruinieren kann, fiel dieses Thema in den Planwirtschaften komplett unter den Tisch. Ihre Industrieanlagen waren Dreckschleudern erster Güte.

Das Ergebnis lässt sich in den Geschichtsbüchern nachlesen. Ende der 80er-Jahre kippten fast im gesamten sogenannten Ostblock die politischen Systeme und damit auch die Planwirtschaften in diesen Ländern. Nur einige wenige Staaten werden heute noch von Parteien regiert, die sich auf Marx und Engels berufen. China oder Vietnam haben aber ihre Wirtschaft weitgehend auf die Regeln der Länder des Westens umgestellt. Nur in Nordkorea herrscht noch Planwirtschaft pur. Mit katastrophalen Folgen für die Bevölkerung.

Ein Irrtum von Anfang an?

Hatten Marx und Engels also von Anfang an unrecht? War ihre Idee von der Wirtschaft, die allen dient, einfach Blödsinn? Eher nicht. Vieles von dem, was die beiden in Dutzenden von Büchern und Aufsätzen aufgeschrieben haben, war eine korrekte Beschreibung dessen, was um sie herum geschah. Nur haben sie – damals, vor rund 160 Jahren – einiges sicherlich falsch eingeschätzt. Sie haben die Fähigkeit des Kapitalismus und der Marktwirtschaft unterschätzt, immer neue Lösungen zu finden. Als Marx und Engels ihre Bücher schrieben, lebten viele Europäer – am heutigen Wohlstand gemessen – in finsterer Armut. Wenn Arbeiter krank wurden oder ihre Stelle verloren, rutschten sie so tief ab, wie man es sich heute nicht mehr vorstellen kann. Auch für alte Menschen gab es so gut wie keine Absicherung. Alle diese Probleme haben die kapitalistischen und marktwirtschaftlichen Länder in Europa, Nordamerika und Asien in den Griff bekommen. Einigermaßen zumindest. Einen wesentlichen Beitrag dazu geleistet haben Bewegungen, die ihre Wurzeln – zumindest zum Teil – im Gedankengut von Marx und Engels haben: kommunistische, sozialistische oder sozialdemokratische Parteien und Gewerkschaften quer durch die ganze Welt.

Gleichzeitig herrscht in vielen marktwirtschaftlichen Ländern heute eine Freiheit, die es zu den Zeiten von Marx und Engels nicht gab. Als die beiden ihre Vorstellungen vom Kommunismus entwickelten, konnte in Deutschland, Österreich oder England von wirklich freien Wahlen oder freier Meinungsäußerung keine Rede sein. In diesen Ländern hat sich gezeigt, dass es sich nicht auf Dauer durchhalten lässt, ganze Völker zu unterdrücken.

Stück für Stück setzten sich freie Wahlen und Meinungsfreiheit durch und die Arbeitnehmer bekamen weitgehende Möglichkeiten, um für ihre Interessen einzutreten.

Fehlkonstruktion Diktatur

Die Länder, in denen kommunistische Parteien den »real existierenden Sozialismus« einführten, sind hingegen in genau die entgegengesetzte Richtung gegangen. Freie Wahlen gab es dort nicht. In China, Kuba oder Nordkorea gibt es sie bis heute nicht. Und wer etwas sagt oder schreibt, was den Machthabern nicht ins Konzept passt, kann in China, Kuba oder Nordkorea ruckzuck auf unbestimmte Zeit im Gefängnis verschwinden. In der Sowjetunion oder der DDR war es genauso.

Eine diktatorische Gesellschaft, die vor allem dazu diente, eine Handvoll alter Männer an der Macht zu halten – das dürfte der entscheidende Konstruktionsfehler des »real existierenden Sozialismus« gewesen sein. Marx und Engels forderten zwar auch eine Diktatur, die »Diktatur des Proletariats«. Damit meinten sie aber, die zu ihrer Zeit rechtlosen Arbeiter (»Proletarier«) müssten eine Zeit lang die Macht an sich reißen, um die Unterdrückung durch Fabrikanten, Fürsten, Generäle oder Bischöfe abzuschütteln. Weil die Proletarier die Mehrheit der Bevölkerung stellten, sei eine solche »Diktatur des Proletariats« die eigentliche Demokratie, glaubten Marx und Engels. Und am Ende werde eine Gesellschaft stehen, in der »die freie Entwicklung eines jeden die Bedingung für die freie Entwicklung aller ist«, wie sie es im »Manifest der Kommunistischen Partei« formulierten.

Kommunistischer Revolutionär als Pop-Ikone: Che Guevara

Sein Gesicht ist das vielleicht am häufigsten abgebildete menschliche Gesicht überhaupt (wenn man Jesus Christus und seine Mutter Maria außen vor lässt): Ernesto Guevara de la Serna, besser bekannt unter seinem Spitznamen »Che«. Der Argentinier hat nach seiner Ausbildung zum Arzt ein bewegtes Leben geführt. Bei Reisen kreuz und quer durch Lateinamerika jobble er mal als Plantagenarbeiter, mal beim Bau von Eisenbahnen, dann wieder als Mediziner. Gleichzeitig hatte er ein Ziel vor Augen, das er ab 1956 in Kuba umsetzen konnte: als Revolutionär für neue politische Verhältnisse zu sorgen.

Nachdem er gemeinsam mit Fidel Castro den kubanischen Diktator Batista gestürzt hatte, machte sich Che Guevara bald auf, um auch anderswo Umstürze voranzutreiben, unter anderem in Bolivien. Dort haben ihn am 9. Oktober 1967 Regierungstruppen erschossen. Danach wurde er endgültig von Millionen Menschen wie ein Heiliger verehrt. Der gut aussehende Latino wurde zu einer Pop-Ikone. Wie von einem Heiligen klingen auch manche Sätze, die er hinterlassen hat: »*Der echte Revolutionär wird von tiefen Gefühlen der Liebe geleitet.*« Oder: »*Bewahrt euch die Fähigkeit, jede Ungerechtigkeit in eurem tiefsten Inneren zu spüren, egal gegen wen sie gerichtet ist, und egal, wo sie geschieht – denn das ist die schönste Eigenschaft eines Revolutionärs.*«

Bei aller Poesie in seinen Zitaten: Che Guevara war bereit, Gewalt einzusetzen, um gegen das zu kämpfen, was er für Unterdrückung hielt. Obwohl er Arzt war, hielt er es für richtig, Menschen zu töten. Ob er auch heute ein Gewehr in die Hand nähme oder andere Wege wählen würde, ist schwer zu sagen. Jedenfalls sehen ihn viele Menschen, die sich eine andere Gesellschaft wünschen, immer noch als Vorbild, vor allem in Lateinamerika. Durch demokratische Wahlen an die Macht gekommene Sozialisten wie Hugo Chávez in Venezuela oder Evo Morales in Bolivien stellen sich gern mit »El Che« in eine Reihe und behaupten, dass sie den Weg weitergehen, den er vorangegangen ist.

Was bleibt vom Kommunismus?

Der »real existierende Sozialismus« ist also in den meisten einstmals sozialistischen Ländern gescheitert und hat sich weitgehend verflüchtigt. Nicht in Luft aufgelöst haben sich Zweifel, ob die Marktkräfte allein ausreichen, um die Probleme der Menschheit zu lösen. Und in diesen Zweifeln schwingen immer auch Gedanken mit, die bereits Marx und Engels (und viele andere Sozialisten und Kommunisten) formuliert haben. Der Marxismus mag also Vergangenheit sein. Sich mit den Ideen von Marx und Engels zu beschäftigen, kann sich dennoch lohnen.

Einige der Forderungen, die die beiden aufgestellt haben, halten heute übrigens auch Marktwirtschaftler für hundertprozentig sinnvoll. So forderten Marx und Engels im Kommunistischen Manifest eine »öffentliche und unentgeltliche Erziehung aller

Kinder«. Zu dieser Zeit waren kostenlose Schulen die Ausnahme und nicht die Regel. Oder sie forderten »Beseitigung der Fabrikarbeit der Kinder«. Die damals geltenden Gesetze Preußens zum Beispiel erlaubten es, dass Zehn- oder Elfjährige schufteten, wie es heute nicht einmal Erwachsene dürfen. In England war es ausdrücklich erlaubt, dass 14- oder 15-Jährige bis zu 69 Stunden in der Woche in der Fabrik standen. Kinder und Jugendliche wurden dabei oftmals für besonders gefährliche Arbeiten eingesetzt. So mussten sie beispielsweise Maschinen reinigen, während diese in Betrieb waren. Tödliche Unfälle bei dieser Kinderarbeit waren an der Tagesordnung.

Wie Karl Marx Kinderarbeit erlebte, beschreibt er in dem Buch Das Kapital:

Um 2, 3, 4 Uhr des Morgens werden Kinder von 9 bis 10 Jahren ihren schmutzigen Betten entrissen und gezwungen, für die nackte Subsistenz *(= Überleben)* bis 10, 11, 12 Uhr nachts zu arbeiten, während ihre Glieder wegschwinden, ihre Gestalt zusammenschrumpft, ihre Gesichtszüge abstumpfen und ihr menschliches Wesen ganz und gar in einem steinähnlichen Torpor *(= Stumpfsinn)* erstarrt, dessen bloßer Anblick schauderhaft ist.

Der Markt allein kann es nicht

Auch einige andere Gedanken von Marx und Engels sind heute durchaus anerkannt. So wird ihre Grundüberlegung, dass es sinnvoll sein kann, die Verteilung von Geld oder von Arbeitskraft nicht den Kräften des Marktes zu überlassen, in manchen

Bereichen fast überall akzeptiert. Ein Beispiel: Wie viele Feuer-
wehrleute und -autos in einer Stadt bereitstehen, wird selbstverständlich geplant. Bezahlt werden sie mit Geld, das der
Staat zwangsweise eintreibt. Niemand kommt auf die Idee, zwei
oder drei private Feuerwehren einzurichten, die nicht vom
Staat, sondern von privaten Feuerschutzversicherungen finanziert werden.

Das wäre nach den Regeln der Marktwirtschaft ja durchaus
denkbar: Drei verschiedene Feuerwehren überlegen jeweils für
sich, wie sie den Feuerschutz am besten organisieren. Dann kal-
kulieren sie, was der von ihnen angebotene Schutz kosten soll.
Anschließend machen sie den Bürgern Angebote. Die Bürger wiederum schließen mit jeweils der Feuerwehr einen Feuerversiche-
rungsvertrag, bei der ihnen das Verhältnis von Preis und Leistung
günstig erscheint.

Der eine entscheidet sich für die Luxus-Feuerwehr, die in jeder
dritten Straße eine Feuerwache hat, aber 30 Euro im Monat kostet.
Der andere wählt lieber die »Aldi«-Feuerwehr, die nur halb so
viele Wachen hat – dafür aber auch nur halb so viel kostet. Eine
wahnwitzige Idee? Das wäre aber eine marktwirtschaftliche
Lösung für die Frage: »Wie organisieren wir den Schutz vor Feuer
am besten?« Daraus kann man sehen: Es gibt Bereiche, in denen
es gar nicht so verkehrt ist, beim Wirtschaften die Logik des
Marktes außer Kraft zu setzen.

Was lässt sich von Leuten wie Marx und Engels also heute lernen? Zumindest so viel: dass man sich auch eine ganz andere
Form zu wirtschaften zumindest vorstellen kann. Es muss nicht
alles so laufen, wie es heute läuft.

Alternativen-Check Modell »Sozialismus«

Bilanz Erfolge / Misserfolge	Bilanz des »real existierenden Sozialismus«: miserabel. Bilanz von Arbeiterorganisationen, sozialistischen und sozialdemokratischen Strömungen, die auch Gedanken von Marx und Engels aufgreifen: haben das Ringen um Gerechtigkeit wohl um einiges vorangebracht.
Kann die Sache überhaupt funktionieren?	So wie es bislang versucht wurde, eher nicht.

Weitere Informationen im Internet:

Institut für kritische Theorie (beschäftigt sich laut Satzung mit der »historisch-kritischen Erforschung des Marxismus«)
www.inkrit.de

Bundeszentrale für politische Bildung (auch mit Texten zu Stichwörtern wie »Marxismus«, »Kommunismus« oder »Planwirtschaft«)
www.bpb.de

Texte von Karl Marx und Friedrich Engels online
http://gutenberg.spiegel.de

Homepage der chinesischen Botschaft in Deutschland
www.china-botschaft.de

Zeitung der Kommunistischen Partei Kubas auf Englisch
www.granma.cubaweb.cu/english/index.html

Offizielle Seite der Volksrepublik Nordkorea auf Englisch
www.korea-dpr.com

Zweiter Versuch, es anders zu machen: Modell »Zinslos wirtschaften«

Oder: Ganz anders mit Geld umgehen – geht das?

Die Scheine sehen hübsch aus, hübscher als Euro-Scheine, finden manche. Mal schimmern die Alpen im Hintergrund, mal sind Blüten von Kirschbäumen oder von Gurken zu sehen. Oder auch grünes Weinlaub. »Sterntaler«, »Havelblüten« oder »Pälzer« sind drei Beispiele für Regionalwährungen. Inzwischen rund 30 solche Projekte allein in Deutschland, Österreich und der Schweiz wollen ein Gegengewicht zum offiziellen Wirtschaftskreislauf bilden.

Die Grundidee: Eine Gruppe von Bürgern, Unternehmern, Ladeninhabern einer Region schließt sich zusammen und schafft eine eigene Währung. Diese Regionalwährung ist meist an den Euro gebunden. Etwas, das 20 »Chiemgauer« kostet, würde im normalen Geldkreislauf 20 Euro kosten. Der Unterschied zum Euro: Regionalgeld soll, wie der Name schon sagt, in der Region bleiben. Wer in Brandenburg oder in der Pfalz lebt, soll damit Waren und Dienstleistungen aus Brandenburg oder der Pfalz bezahlen. Damit werden die Arbeitsplätze in der Region gesichert, so die Hoffnung. Außerdem spart es Sprit und schont die Umwelt, wenn Brot oder Käse nicht Hunderte Kilometer kreuz und quer durchs Land gefahren werden – sondern direkt aus der Umgebung kommen.

Und ein weiterer wichtiger Unterschied zum Euro: Regionalgeld soll nicht von denen, die über viel Geld verfügen, gehortet werden. Es soll vielmehr so schnell wie möglich vom einen zum anderen wandern. Die meisten Regionalgeld-Initiativen lehnen es auch ab, dass »Geldbesitzer« Geld verleihen, um an Zinsen zu verdienen. Denn im Zins sehen sie eines der Hauptprobleme der modernen Wirtschaft (siehe auch Kapitel 7 und Kapitel 14).

Nicht kaufen, sondern tauschen

Noch einen Schritt weiter gehen die »Tauschringe«. Hier lautet die Grundidee: Wer etwas kann, der bietet es an. (Manche bieten auch Sachen an, die sie nicht mehr gebrauchen können.) Dabei hofft der Anbieter darauf, dass es andere Leute gibt, die sich für sein Angebot interessieren. Und er hofft, dass die anderen wiederum etwas anbieten, das er selbst braucht. Wer also gern Rasen mäht, aber nicht so fit darin ist, den eigenen Kindern bei der Vorbereitung auf die Französisch-Schulaufgabe zu helfen, der bietet das Rasenmähen im Tauschring an. In der Hoffnung, dass er jemanden findet, der fit in Französisch ist, aber nicht so gern Rasen mäht. Die Frage, »wie viel Rasenmähen ist eine Französisch-Nachhilfestunde wert?«, regeln die meisten Tauschringe durch Verrechnungssysteme. Sie rechnen Zeit meist in »Talente« um, über die der Tausch abgewickelt wird.

Neben solchen Tauschringen, die etwas an der bisherigen Art zu wirtschaften ändern wollen, gibt es auch andere Tausch-Initiativen, denen es überhaupt nicht darum geht, die Welt zu verbessern. Die Firma Exsila beispielsweise organisiert einen Warenaustausch unter Privatleuten übers Internet. Im Prinzip ähnlich wie Ebay, nur dass nicht mit Euro bezahlt wird, sondern mit einer eigenen Verrechnungseinheit.

Klingt ganz gut – wo ist der Haken?

Auf der Internetseite »tauschring.de« finden sich Adressen von rund 200 Tauschringen in Deutschland, der Verein »Regiogeld e. V.« zählt über 20 aktive Regionalgeld-Initiativen. Die Sache läuft also, könnte man meinen. Allerdings sind die Regionalgeld- und Tauschring-Initiativen noch himmelweit davon entfernt, dem offiziellen Wirtschaftskreislauf etwas entgegenzusetzen, was über das Niveau eines Hobbys hinausgeht.

Das bedeutet aber: Die Regionalgeld- und Tauschring-Initiativen sind nicht in der Lage, das außer Kraft zu setzen, worum es in der offiziellen Wirtschaft geht: Macht. Wenn ein Bankchef tausendmal so viel verdient wie der Gärtner, der den Rasen vor der Bank mäht, dann hat das vor allem einen Grund: Der Bankchef hat die Macht, sich dieses Gehalt zu verschaffen.

Wenn jemand, der geschickt ist im Ausfüllen von Steuererklärungen, in einem Tauschring genauso viel für seine Arbeitsstunde verlangt wie jemand, der Rasenmähen anbietet, dann ist das vielleicht ehrenwert, aber es ändert nichts daran, dass Gartenarbeiter, Erzieherinnen oder Kurierfahrer in unserem Wirtschaftssystem grundsätzlich viel weiter unten stehen als Banker, Ingenieure oder Steueranwälte. Um daran etwas zu ändern, ist wiederum Macht notwendig. Und die können Gartenarbeiter, Erzieherinnen oder Kurierfahrer ausüben, wenn sie sich zusammenschließen. Oder Macht kann auch der Staat ausüben, indem er beispielsweise über Steuern Geld lenkt (mehr dazu im Kapitel 20).

Können Zinsen Sünde sein? Oh ja!

Die Idee, dass man Zinsen eigentlich abschaffen sollte, gibt es schon lange. In der Bibel heißt es im Alten Testament: »*Wenn du Geld verleihst an einen aus meinem Volk (…), so sollst du an ihm nicht wie ein Wucherer handeln; du sollst keinerlei Zinsen von ihm nehmen.*« Dementsprechend wandten sich im Mittelalter Päpste und Bischöfe der christlichen Kirche dagegen, dass jemand, der sich Geld ausleiht, mehr zurückzahlen muss, als er bekommen hat. Auch Martin Luther, der die protestantische Konfession mitbegründet hat, hielt es für eine Sünde, Zinsen zu nehmen. Es gab allerdings immer wieder einfallsreiche Kaufleute und Bankiers, die das Zinsverbot der Kirchen umgingen. Schon bald wurde das Verbot immer löchriger und 1822 hat die katholische Kirche es offiziell beseitigt. Auch die evangelischen Kirchen haben sich nach Luthers Tod rasch mit den Zinsen arrangiert. Das Zinsverbot, das der Koran für Moslems ausspricht, gilt hingegen bis heute. In den muslimischen Ländern haben die Banken deshalb eigene Instrumente entwickelt, um Geldströme trotz dieses Verbots so üppig wie möglich fließen zu lassen. So müssen beim »Islamic Banking« Kunden, die sich Geld leihen, zwar keine Zinsen im eigentlichen Sinn zahlen. Aber es werden Gebühren fällig. Kunden, die Geld übrig haben und es anlegen wollen, erhalten Gewinnbeteiligungen aus den Geschäften der jeweiligen Bank. Der Unterschied zum Zins: Beim klassischen Zinsgeschäft verpflichtet sich der Schuldner, in jedem Fall zu einem bestimmten Zeitpunkt einen gewissen Zinssatz zu zahlen. Beim »Islamic Banking« ist ein fester Zins offiziell nicht vorgesehen. Stattdessen trägt der Anleger gemeinsam mit der Bank das Geschäftsrisiko. Laufen die Geschäfte gut, gibt es eine Ausschüttung. Laufen sie schlecht, erhält der Anleger nur eine geringe Beteiligung, oder er erleidet einen Verlust. Ansonsten haben aber Händler, Geschäftsleute und Banker in den moslemischen Ländern keine Probleme damit, die Wirtschaft so laufen zu lassen, wie es auch anderswo üblich ist.

Ökonomen, die den klassischen Geldkreislauf für die beste Lösung halten, haben noch eine andere Kritik an den Regionalgeld-Initiativen und Tauschringen. Sie seien mit unnötig viel Aufwand verbunden. Schlicht und einfach unbequem. Und wenn jemand in Niederbayern darauf verzichtet, Gurken aus Brandenburg oder vielleicht auch aus Polen zu kaufen, dann habe er dadurch ebenfalls Nachteile, so das Argument vieler Volkswirte. Die moderne Wirtschaft baue eben darauf auf, dass jeder möglichst das tut und produziert, wofür er besonders gute Voraussetzungen hat. Dann produziert der eine besonders günstig Gurken, der andere Weizen. Der eine stellt Mützen besonders günstig her, der andere Computerprogramme.

In der Summe haben von dieser Arbeitsteilung alle etwas, so das Kernargument der klassischen Ökonomen gegen Regionalgelder und Tauschringe. Und wenn die Arbeitsteilung Folgen hat, die eigentlich nicht gewünscht sind – wie etwa Umweltverschmutzung, weil Gurken oder Stoff für Mützen Hunderte und Tausende von Kilometern rund um die Welt kutschiert werden –, dann ließen sich solche unerwünschten Folgen auch mit den Mitteln des üblichen Geldkreislaufs bekämpfen. Beispielsweise ließe sich das Hin- und Hertransportieren von Waren eindämmen, indem man es durch höhere Spritsteuern teurer macht.

Alternativen-Check Modell »Zinslos wirtschaften«

Bilanz Erfolge / Misserfolge	Die Zahl von Regionalgeld- und Tauschring-Initiativen wächst. Und diejenigen, die mitmachen, haben offenbar Spaß dabei. Wirklich bedeutsam sind die Regionalgelder aber nicht.
Kann die Sache überhaupt funktionieren?	Sieht nach einem Kampf David gegen Goliath aus. Nur dass dieser David besonders schwach ist und der Goliath besonders stark.

Weitere Informationen im Internet:

Dachverband der Regionalgeld-Initiativen mit zahlreichen Links
www.regiogeld.de

Seite der »Allianz zur Erforschung und Entwicklung von komplementären Währungen«
www.monneta.org

Seite der Regionalgeld-Aktivistin Margrit Kennedy
www.margritkennedy.de

Private Seite zu Tauschringen mit zahlreichen Links auf regionale Initiativen
www.tauschring.de

Kommerzielle Internet-Tauschbörse Exsila
www.exsila.de

Informationen des »Institute for Islamic Banking and Finance« mit Sitz in Frankfurt a. M. über zinslosen Umgang mit Geld im Islam
www.ifibaf.com

Dritter Versuch, es anders zu machen: Modell »Grundeinkommen«

Oder: Geld ohne Arbeit – geht das?

Preisfrage: Was haben der erste Teil der Bibel und viele Science-Fiction-Filme gemeinsam? Antwort: Keiner muss arbeiten, um sich etwas kaufen zu können. Im Paradies war ohnehin einfach alles da, so heißt es im Alten Testament. Aber auch bei Star Trek spielt Geld keine Rolle mehr. Dafür dass Essen oder Kleidung zur Verfügung stehen, sorgen raffinierte Maschinen. In der Star-Wars-Saga gerät zwar Han Solo in Not, weil er Schulden bei dem Verbrecherboss Jabba hat. Doch Star-Wars-Raumschiffkommandeure arbeiten nicht in Schichten von 9 bis 17 Uhr, für die sie dann ein Monatsgehalt von soundsoviel Euro bekommen. Sie tun das, was sie tun, vielmehr, weil es eben jemand machen muss. Oder weil sie Spaß dran haben.

Die Frage »Hast du genug Geld für ein halbwegs ordentliches Leben?« und die Frage »Arbeitest du?« haben in der Vergangenheit des Paradieses und in der Zukunft von Science-Fiction-Filmen also nicht viel miteinander zu tun. Aber könnte das auch heute und in der Wirklichkeit funktionieren? Könnte man einfach allen Menschen eine bestimmte Summe auszahlen, die für Wohnen, Essen, Kleidung reicht? Ob sie arbeiten wollen, entscheiden sie selbst?

Raus aus dem Arbeitszwang

Es gibt eine ganze Menge Leute, die sagen: Ja, das geht. Der Gründer der Drogeriemarkt-Kette »dm«, Götz Werner, schlägt schon seit einigen Jahren rund 1500 Euro als Summe vor, die jeder vom Staat bekommen sollte. Ganz egal ob jemand arbeiten möchte oder lieber den Tag mit etwas anderem verbringt.

Ein solches »bedingungsloses Grundeinkommen« hätte eine ganze Reihe von Vorteilen, sagen seine Befürworter. Die aufwendigen Verfahren, mit denen heute beispielsweise geprüft wird, ob jemand seinen Antrag auf »Hartz IV« (siehe Kapitel 9 und 10) richtig gestellt hat, könnten wegfallen. Menschenunwürdig niedrige Löhne von nur ein paar Euro in der Stunde wären Vergangenheit. Denn wer nur 900 oder 1000 Euro für eine Putzkraft zahlen möchte, der wird keine finden. Sie bekommt ja auch, ohne zu arbeiten, in der Beispielrechnung von Götz Werner 1500 Euro.

Es gibt neben dem Vorschlag des »dm«-Gründers noch eine ganze Reihe von weiteren Modellen für ein »bedingungsloses Grundeinkommen«. Durch die Diskussion schwirren aber auch viele unterschiedliche Begriffe, unter denen verschiedene Leute Verschiedenes verstehen. Es gibt also sicher nicht den einfachen, geraden Weg in Richtung Grundeinkommen.

Und es gibt auch viele Einwände gegen die Idee. Ein halbwegs sorgloser Lebensunterhalt für alle lasse sich auf keinen Fall bezahlen, heißt es von den Kritikern. Und selbst wenn ein Grundeinkommen doch finanzierbar wäre, müsste dafür das Steuersystem komplett umgebaut werden. Ein solcher Komplettumbau sei aber unmöglich. Ein weiterer Kritikpunkt: Viele Menschen, die heute arbeiten, würden sich auf die faule Haut legen, wenn sie auch ohne Arbeit Geld bekämen. Wir leben eben weder im Paradies noch in einer Science-Fiction-Welt.

Wirklich undenkbar?

Die Befürworter halten dem wiederum entgegen: Menschen arbeiten nicht nur wegen des Geldes. Sie arbeiten auch, weil ihnen ihre Arbeit Spaß macht. Oder weil sie das Gefühl haben, dass sie notwendig ist. Die Computersoftware Linux haben Menschen entwickelt, weil sie dem Quasi-Monopol der Microsoft-Programme etwas entgegensetzen wollten (siehe auch Kapitel 3). Mit dem größten Teil dieser Entwicklungsarbeit haben sie kein Geld verdient, sie haben ihre Freizeit investiert. Die Online-Enzyklopädie Wikipedia wurde und wird von Tausenden Menschen aufgebaut, die kein Geld für diese Arbeit bekommen.

Modell wenigstens für die Dritte Welt?

Und selbst wenn ein bedingungsloses Grundeinkommen für reiche Länder wie Deutschland, Österreich oder die Schweiz nicht taugen sollte, dann kann es trotzdem für bitterarme Länder eine

Möglichkeit sein, sagen seine Befürworter. Ein entsprechender Versuch ist in einem kleinen Ort im Süden Afrikas gestartet worden. In Otjivero in Namibia sorgt eine Initiative, an der Kirchen und soziale Stiftungen beteiligt sind, dafür, dass jeder Einwohner jeden Monat 100 namibische Dollar ausgezahlt bekommt. Das entspricht etwa acht Euro. Weil die Preise in Namibia weit niedriger liegen als in Europa, reicht das Geld aber beispielsweise für eine Mutter mit fünf Kindern (die für ihre sechsköpfige Familie 600 Namibia-Dollar erhält), um Lebensmittel zu kaufen und das Schulgeld zu bezahlen, das in Namibia fällig wird. Und es bleibt sogar noch etwas übrig.

Nach der Einführung des Grundeinkommens gebe es greifbare Erfolge, berichtet die Initiative und nennt Beispiele: Eine Dorfbewohnerin hat von dem, was sie übrig behielt, ein paar Hühner gekauft. Mit ihnen hat sie eine kleine Hühnerzucht begonnen. Eine andere Frau hat mit dem Geld Mehl gekauft. Damit hat sie angefangen, Brot zu backen, das sie jetzt verkauft. Diese Frauen haben also begonnen, Wohlstand zu schaffen. Für sich, aber auch für das ganze Dorf. Statt den Tag über in ihrer tiefen Armut herumzusitzen, die sie zur Untätigkeit verdammte, konnten sie anfangen, etwas zu unternehmen. Sie sind also Unternehmer geworden, wenn auch vielleicht Kleinstunternehmer.

Menschen einen Grundstock zu geben, auf dem sie aufbauen, ohne den sie jedoch nicht loslegen können – dieser Gedanke steht auch hinter »Mikrokrediten«. Für sie lohnt sich aber ein eigenes Kapitel.

Alternativen-Check Modell »Grundeinkommen«

Bilanz Erfolge / Misserfolge	In reichen Ländern noch nicht wirklich ausprobiert. Ein Modell in Namibia läuft nach Ansicht der Organisatoren gut.
Kann die Sache überhaupt funktionieren?	Ob es in reichen Ländern laufen kann, ist schwer zu sagen. Es gibt auch ausgesprochen viele und teils sehr unterschiedliche Vorschläge, wie ein bedingungsloses Grundeinkommen gestaltet werden sollte. Ob sich das Modellprojekt in Namibia aufs ganze Land oder auf andere Regionen ausdehnen lässt, muss sich zeigen.

Weitere Informationen im Internet:

Seite verschiedener Gruppen im »Netzwerk Grundeinkommen«
www.grundeinkommen.de

Vorschläge des »dm«-Gründers Götz Werner
www.unternimm-die-zukunft.de

Das Projekt »Bedingungsloses Grundeinkommen« in Namibia
www.vemission.org / vem-in-drei-kontinenten / vem-in-afrika / grundeinkommen-in-namibia

Vierter Versuch, es anders zu machen: Modell »Mikrokredit-Wirtschaft«

Oder: Kleine Summen als Ausweg aus dem Sumpf der Armut

Die Geschäftsidee von Van Makara ist für eine Frau im südostasiatischen Kambodscha naheliegend. Sie baut Reis an, allein auf einer kleinen Fläche bei ihrem Dorf Preak Tamao. Sie hat aber ein Problem: Ihr fehlt Geld, um Dünger zu kaufen. Wenn sie mit Dünger ihre Ernte verbessern könnte, käme sie wohl zu ein wenig Geld. Doch erst einmal hat sie dazu eben nicht die Mittel. Ein Kredit könnte ein Ausweg sein. Menschen wie Van Makara, die fast nichts besitzen, haben aber auf der ganzen Welt so gut wie keine Chance, an einen normalen Kredit zu bezahlbaren Zinsen zu kommen. Der Ausweg für Van Makara: ein »Mikrokredit«.

Auf der Internet-Seite der Organisation Kiva ist ein Video eingestellt, auf dem geschildert wird, wie die Kambodschanerin an ihren »Mikrokredit« gekommen ist. In diesem Fall hat sich ein Brite bereit erklärt, Van Makara 25 US-Dollar zu leihen. Bei Kiva stellen Menschen, die Geld übrig haben (meist Einwohner wohlhabender Länder) anderen Menschen, die Geld brauchen (meist Einwohner armer Länder), eine bestimmte Summe zur Verfügung. Das Geld fließt von Person zu Person. Es ist keine auf Profit ausgerichtete Bank zwischengeschaltet, sondern die Kiva-Organisation, die sich selbst als wohltätig bezeichnet. Der Austausch erfolgt im Wesentlichen übers Internet. Kiva wurde deswegen auch schon als das »MySpace der Entwicklungshilfe« bezeichnet. Denn es funktioniert ein wenig nach dem Muster von sozialen Netzwerken wie Lokalisten, Facebook oder StudiVZ. Auch der Name der Organisation zeigt, worum es geht: »Kiva« hieß bei einigen Indianerstämmen Nordamerikas ein Raum, in dem Dorfbewohner zu Versammlungen zusammenkamen, um die Angelegenheiten der Dorfgemeinschaft zu besprechen.

Wenn Arme Armen helfen

Kredite für Menschen in der Dritten Welt zu organisieren, damit sie sich selbst helfen können – mit dieser Idee ist der Wirtschaftsprofessor Muhammad Yunus aus Bangladesch international bekannt geworden. Sein Konzept der Mikrokredite sieht aber anders aus als das von Kiva. Die Grameen-Bank, die Yunus gegründet hat, finanziert sich vor allem aus Geld, das arme Menschen in Bangladesch selbst aufbringen. Sie funktioniert also in gewisser Weise wie die ersten Genossenschaftsbanken, die im 19. Jahrhundert in Europa gegründet wurden (siehe Kapitel 19).

Es gehe ihm in erster Linie darum, auch ärmsten Menschen Vertrauen zu schenken, sagt Yunus. Das Vertrauen, dass sie einen Kredit wieder zurückzahlen können. Mit dieser Begründung vergibt die Grameen-Bank in einem eigenen Programm sogar Kredite an Bettler. Sie sollen sich davon das kaufen können, was sie brauchen, um kleine Dienstleistungen anzubieten. Vielleicht als Brot- oder Süßigkeitenverkäufer auf der Straße.

Wobei hier vor allem von den ärmsten *Frauen* die Rede sein müsste, denen Yunus Vertrauen schenken will. Denn seiner Erfahrung nach haben Frauen weit mehr Durchhaltevermögen und Verlässlichkeit, wenn es darum geht, sich aus tiefster Armut zu befreien. Rund 95 Prozent aller Kunden der Grameen-Bank sind weiblich.

Etikettenschwindel oder nobelpreiswürdig?

Mit wenig Geld Menschen aus der wirtschaftlichen Ohnmacht zu befreien, das klingt gut. Ganz ohne Schattenseiten ist aber auch das vermeintlich strahlende Projekt der Mikrokredite nicht. Der Organisation Kiva wird von Kritikern beispielsweise vorgeworfen, sie arbeite nach dem alten Prinzip, dass die Einwohner der reichen Länder auf gönnerhafte Weise Menschen in armen Ländern Almosen zukommen ließen. An den Grundproblemen der Armen ändere sich dadurch nichts. An der Grameen-Bank von Muhammad Yunus ist kritisiert worden, sie verlange beträchtliche Zinsen. Außerdem sei trotz der hohen Zahl von Kunden (Ende 2009 waren es rund acht Millionen) die Armut in Bangladesch nicht spürbar gesunken. Das Land gehört weiterhin zu den ärmsten der Welt. Auch finden es manche Kritiker problematisch, dass die Grameen-Bank beispielsweise mit dem weltgrößten Chemiekonzern, der deutschen BASF, eine Partnerschaft eingegangen ist.

Professor Yunus entgegnet, ihm gehe es vor allem darum, etwas für arme Menschen zu erreichen. Wenn BASF dazu etwas beitragen könne, dann arbeite Grameen eben mit einem Chemie-Riesen zusammen. Die Zinsen von bis zu 20 Prozent, die Grameen verlangt, rechtfertigt Yunus mit dem Verwaltungsaufwand, den die Bank mit den Millionen von Mikrokrediten hat, die sie vergibt. Außerdem laufe das Kreditprogramm für Bettler ganz ohne Zinsen. Und Yunus stellt immer wieder klar: Er hat nie behauptet, dass sich mit seiner Idee in kurzer Zeit grundlegende Änderungen erreichen ließen. Einer seiner Grundsätze lautet vielmehr: »Armut wird nicht von den Armen verursacht, sondern von den Institutionen und der Politik, mit denen die Armen leben müssen. Um Armut abzuschaffen, brauchen wir die notwendigen Veränderungen bei Institutionen und Politik. Grameen glaubt, dass Wohltätigkeit keine Antwort auf Armut ist.«

Muhammad Yunus hat also Kritiker. Zahlreicher sind allerdings diejenigen, die ihn unterstützen. Nach Auszeichnungen aus verschiedenen Ländern hat er 2006 eine denkbar hohe Ehrung erhalten: den Friedensnobelpreis. Interessanterweise erhielt er nicht den Nobelpreis für Wirtschaftswissenschaften.

Ein Modell auch für reiche Länder?

Das Konzept der Mikrokredite findet auch in reichen Ländern Anhänger. Arbeitslose beispielsweise, die eine gute Idee für eine Existenzgründung haben, hätten bei normalen Banken oft kaum eine Chance, so die Überlegung. Bei gemeinnützig ausgerichteten Mikrokredit-Einrichtungen könnten sie hingegen Gehör finden. Einzelne Ansätze, die es in dieser Richtung gibt, sind bislang aber nicht gerade zu einer Massenbewegung geworden.

Alternativen-Check Modell »Mikrokredit-Wirtschaft«

Bilanz Erfolge / Misserfolge	Die Zahl der Organisationen, die Mikrokredite vermitteln, wächst ständig – und auch die Zahl der Kreditnehmer. Allerdings nimmt die weltweite Armut trotzdem weiter zu.
Kann die Sache überhaupt funktionieren?	Diejenigen, die Mikrokredite vermitteln, sagen, sie können viele tausend Beispiele nennen, bei denen einzelnen Menschen geholfen wurde.

Weitere Informationen im Internet:

Deutsches Mikrofinanz-Institut (vor allem innerhalb Deutschlands tätig) www.mikrofinanz.net

Mikrokredit-Genossenschaft »Nordhand« – mit Schwerpunkt Dortmund www.nordhand.com

Eigene Seite der Grameen-Bank des Nobelpreisträgers Muhammad Yunus www.grameen-info.org

Deutsche Seite der Grameen-Bank des Nobelpreisträgers Muhammad Yunus (werbefinanziert) www.grameen.de

Deutsche Seite der Organisation Kiva www.kiva-deutschland.org

Fünfter Versuch, es anders zu machen: Modell »Genossenschaft«

Oder: Kann man nicht einfach gemeinsam wirtschaften?

Es ist mal wieder so weit. Es hat geschneit, die Bankkunden schleppen mit ihren Schuhen Schneematsch in den Schalterraum. Also greift Peter Breiter zu Eimer und Wischmopp. Das Besondere daran: Peter Breiter ist der Chef der Bank, von der hier die Rede ist. Er dürfte wohl der einzige Bankvorstand in Deutschland sein, der den Boden aufwischt, wenn es nötig ist. Dass der gelernte Bankkaufmann den Boden reinigt, obwohl er Chef ist, hat einen Grund. Er ist der einzige Mitarbeiter der Raiffeisenbank Gammesfeld. Es gibt zwar eine Putzfrau, die regelmäßig vorbeikommt. Aber wenn der Boden richtig dreckig und die Putzfrau gerade nicht da ist, macht eben der Chef sauber.

Nur ein Mitarbeiter, rund 600 Kunden – Die Raiffeisenbank in dem Dörfchen Gammesfeld in Baden-Württemberg ist als »kleinste Bank Deutschlands« immer wieder in Zeitungsartikeln, Fernseh- und Radioberichten vorgestellt worden. Ein beliebtes

Thema für Journalisten ist sie aber auch aus einem anderen Grund. Fritz Vogt, der vor Peter Breiter vier Jahrzehnte lang die Bank führte, hat bei jedem Interview und jedem Talkshow-Auftritt gern erklärt, warum die Gammesfelder Bank so klein ist. Ein Grund: Sie soll überschaubar sein. Und noch wichtiger: Sie soll für die Leute da sein, denen sie gehört, nämlich einigen hundert Einwohnern von Gammesfeld. Und Fritz Vogt nutzte jede öffentliche Aufmerksamkeit, um sich gegen andere Banker aufzulehnen. Peter Breiter will diese Tradition fortführen, wenn auch in einem etwas anderen Stil als sein Vorgänger.

Der antikapitalistische Bankchef

Wenn man Fritz Vogt fragte: »Sind Sie Kommunist?«, dann lautete die Antwort nach einigem Nachdenken: »Ja. In dem Sinn, wie Ernesto Cardenal Kommunist ist.« Cardenal ist in den 70er- und 80er-Jahren des 20. Jahrhunderts bekannt geworden, weil er als katholischer Priester gegen politische und wirtschaftliche Ungerechtigkeit, vor allem in Lateinamerika, kämpfte. Von sich selbst sagte Cardenal: »Ich bin christlicher Kommunist.«

Fritz Vogt sagte viele Sätze, die seine Zuhörer verblüfften. So kam es schon mal vor, dass er als Gast in einen von Chrom und Glas blitzenden Verwaltungspalast einer anderen Bank eingeladen war und dort ins Publikum rief: »Schauen Sie sich um, das ist alles gestohlenes Geld, was Sie sehen! Von den Kunden gestohlenes Geld!« Wenn Fritz Vogt so etwas sagte, hieß das nicht, dass er Banken abschaffen wollte. Aber er wollte die Banker an Gedanken erinnern, die der Sozialreformer Friedrich

Wilhelm Raiffeisen im 19. Jahrhundert entwickelte. Banken und auch andere Unternehmen sollten nicht dazu da sein, Gewinne für einige wenige abzuwerfen, sagte Raiffeisen. Sie sollten dazu beitragen, dass möglichst viele ihren Wohlstand vermehren können.

Raiffeisens Grundidee war: Wenn sich Menschen zusammentun, die jeder für sich nicht allzu viel besitzen, dann können sie gemeinsam dennoch einiges erreichen. Ein auf diese Weise gegründetes Unternehmen – eine Genossenschaft – soll etwas anbieten, das die Genossenschafter für sinnvoll oder notwendig halten: die Vermarktung von landwirtschaftlichen Produkten, Bankdienstleistungen, Wohnungen oder vielleicht auch Produkten für den Umweltschutz. Das Besondere: Das Unternehmen gehört im Wesentlichen denen, die auch die Kunden des Unternehmens sind. Das heißt, es geht nicht darum, möglichst viel Profit aus dem Unternehmen herauszuziehen, wie es bei Aktiengesellschaften oft der Fall ist oder bei Firmen, die nur Einzelnen gehören. Der Profit, den selbstverständlich auch Genossenschaften erwirtschaften wollen, soll vielmehr denselben zugutekommen, die diesen Profit durch ihre Beteiligung an dem Unternehmen ermöglichen: den Genossenschaftern.

Eine weitere Besonderheit: Die Genossenschafter können (in einem gewissen Rahmen) mitbestimmen, was ihr Unternehmen für eine Geschäftspolitik verfolgen soll. Der Raiffeisenverband nennt Genossenschaften daher »Schulen der Demokratie«.

Gute Idee, nur oft schlecht angewendet?

Peter Breiter und Fritz Vogt sind von den Genossenschaftern ihrer Raiffeisenbank in Gammesfeld bislang immer unterstützt worden, wenn sie sagten: Das Geld ist dazu da, den Menschen zu dienen, und nicht umgekehrt. Und deswegen gibt es bei der Raiffeisenbank in Gammesfeld keines der mehreren Hunderttausend sogenannten »Finanzprodukte« zu kaufen, mit denen andere Banken Milliardengewinne, aber auch mal Milliardenverluste machen (siehe Kapitel 7). Die Raiffeisenbank Gammesfeld sammelt einfach Geld von den Genossenschaftern ein, die gerade etwas übrig haben. Sie bekommen dafür eine gewisse Verzinsung. Andere Kunden, die Geld brauchen, können sich etwas ausleihen. Dafür zahlen sie einen bestimmten Zinssatz. Der ist recht niedrig, denn es geht ja nicht darum, dass sich jemand bereichert, sondern darum, das Geld dorthin zu bringen, wo es – nach Ansicht der Genossenschafter – am besten aufgehoben ist.

Allerdings ist seit den Zeiten von Friedrich Wilhelm Raiffeisen auch vieles in seinem Namen passiert, was wohl nicht in seinem Sinne wäre. Auch Genossenschaftsbanken haben sich zu immer größeren Einheiten zusammengeschlossen. Dachverbände der Genossenschaftsbanken haben versucht, das große Rad der internationalen Finanzindustrie zu drehen. Und sie haben dabei Millionen und Milliarden in den Sand gesetzt. Mit Raiffeisens Überlegungen dürfte das wenig zu tun haben.

Das ändert aber nichts an der Grundüberzeugung des Solobankers Peter Breiter aus Gammesfeld: »Die Ideen von Raiffeisen waren genial. Es kommt darauf an, wie man sie umsetzt.«

Alternativen-Check Modell »Genossenschaft«

Bilanz Erfolge / Misserfolge	Unter den Tausenden Genossenschaften, die es weltweit gibt, unterscheiden sich viele kaum von »normalen« Wirtschaftsbetrieben. Aber es gibt auch Genossenschaften, deren Mitglieder wirklich Neues tun und denken. Es kommt darauf an, was man daraus macht.
Kann die Sache überhaupt funktionieren?	Seit über 150 Jahren erprobt. Wer ein Projekt in Sachen Umwelt, Soziales, Wohnen oder was auch immer starten will, kann das oftmals am besten über eine Genossenschaft tun.

Weitere Informationen im Internet:

Deutscher Raiffeisenverband

www.raiffeisen.de

Seite des Raiffeisenverbandes über neue Genossenschaften und wie man sie gründet

www.neue-genossenschaften.de

Zwei deutschlandweit aktive genossenschaftliche Banken, die sich auf sozial-ökologische Geldanlagen verpflichtet haben – wobei die GLS-Bank stark an den Lehren der Anthroposophie orientiert ist:

www.gls.de

www.ethikbank.de

(Die Raiffeisenbank Gammesfeld hat bislang keine eigene Internetseite, weil ihre paar Hundert Genossen ja wissen, was sie macht. Aber wer in einer Suchmaschine »Raiffeisenbank Gammesfeld« eingibt, findet eine Menge – bis hin zu einem japanischen Fernsehbericht über die »antikapitalistische« Bank.)

Sechster Versuch, es anders zu machen: Modell »Politik greift ein«

Oder: Was kostet die Welt?

Was ist ein Singvogel wert? Wer im Internet nachschaut, um diese Frage zum Beispiel für einen Wellensittich zu beantworten, der wird auf einen Preis zwischen acht und 30 Euro kommen. Ganz anders fällt die Antwort aus, die der Umweltforscher Frederik Vester schon Anfang der 80er-Jahre für das Blaukehlchen gab: 154,09 Euro sei jedes Einzelne der kleinen Tiere wert, meinte Vester.

Der vergleichsweise beträchtliche Preis hat nichts damit zu tun, dass Blaukehlchen besonders selten wären. Vielmehr hat Vester überlegt, welche Dienste die Tierchen erbringen, die für die Menschen wichtig und bezifferbar sind. Das Verstreuen von Pflanzensamen rechnete Vester ebenso ein wie das Wegfressen von Insekten, die der Landwirtschaft schaden. Und nicht zuletzt die Freude, die die Vögel mit ihrem Gesang spenden oder auch »mit der Eleganz ihres Fluges«, wie der Umweltaktivist schrieb.

Nun meinte Vester natürlich nicht, dass jeder, der etwa den Tod eines Blaukehlchens zu verantworten hat, zum Ausgleich irgendwohin 154,09 Euro überweisen soll. Aber der Grundgedanke seiner Rechnung hat sich inzwischen weit verbreitet: In einer Welt, in der so gut wie alles über Geld geregelt wird, muss auch Umweltschutz übers Geld geregelt werden. Denn die Welt ist mit dem Aufkommen der modernen Wirtschaft vor allem deshalb ein ganzes Stück näher an den Abgrund gerückt, weil es die längste Zeit nichts gekostet hat, zum Beispiel das Klima kippen zu lassen.

Der Markt soll's richten

Das hat sich spätestens im Jahr 2005 geändert. Damals hat die Europäische Union den Handel mit sogenannten Emissionsrechten gestartet. Dabei bekommen Wirtschaftsbetriebe das Recht zugestanden, eine bestimmte Menge des klimaschädlichen Gases Kohlendioxid auszustoßen. Wenn sie die Atmosphäre stärker belasten, müssen sie sich sogenannte »Verschmutzungsrechte« kaufen. Die können sie von anderen Firmen erhalten, die es schaffen, weniger CO_2 zu produzieren, als ihnen zunächst zugestanden wurde. Das heißt, die Firmen können ihren Profit steigern, wenn sie umweltschonend arbeiten.

Die Sache klingt gut. Sie hat aber ein paar Haken. So kritisieren viele Umweltaktivisten, dass die »Verschmutzungsrechte« viel zu großzügig verteilt worden seien. Außerdem sind diese Rechte nicht verkauft worden, die Politik hat sie an die Industrie verschenkt. Weil die Industrie zunächst einmal nichts für die Verschmutzungsrechte zahlen musste und das Angebot groß ist, ist der Preis zwischenzeitlich drastisch gefallen. Es gab zwar auch immer wieder Preisanstiege. Doch über beträchtliche Zeiträume hat es sich wirtschaftlich kaum gelohnt, nennenswerte Summen in den Klimaschutz zu investieren. Das Deutsche Institut für Wirtschaftsforschung kam Ende 2009 zu einem klaren Ergebnis: Der Emissionshandel habe bis zu diesem Zeitpunkt nicht dazu geführt, dass Strom aus erneuerbaren Energien, bei denen kaum CO_2 ausgestoßen wird (wie etwa Sonnenstrom), wirtschaftlich attraktiver wurde.

Und der zweite Haken: Wer Verschmutzungs*rechte* an Firmen überträgt, behauptet damit, dass diese Unternehmen tatsächlich das *Recht* hätten, die Umwelt zu belasten. Gleichzeitig werden die Atmosphäre und das gesamte Weltklima zu etwas erklärt, das man wie Privateigentum kaufen und verkaufen könne.

Wie mächtig darf der Staat sein?

Bevor der Emissionshandel eingeführt wurde, hatte die Politik Umweltprobleme anders zu lösen versucht. Fluorchlorkohlenwasserstoffe (FCKW), die die lebenswichtige Ozonschicht um die Erde bedrohen, wurden einfach verboten. Das Abwasser, das Chemiefabriken in Flüsse leiten, durfte nur bis zu bestimmten Höchstgrenzen Giftstoffe enthalten. Überschritten die Fabriken diese Grenzen, wurden Strafzahlungen fällig – genauso wie für einen Autofahrer, dessen Wagen die erlaubten Abgaswerte nicht einhält.

Also wäre auch Folgendes denkbar gewesen: Die Politik hätte zum Beispiel einem Kohlekraftwerk, das im Jahr 2009 zwei Millionen Tonnen CO_2 ausgestoßen hat, vorschreiben können, es dürfe im Jahr 2015 nur noch 1,7 Millionen Tonnen in die Luft blasen. Die europäischen Politiker sind aber überzeugt, dass sich das Ziel, die Belastung der Atmosphäre mit Kohlendioxid zu verringern, besser erreichen lässt, wenn die Firmen gemeinsam nach der besten Lösung suchen. Und die Politiker argumentieren, die Suche nach der besten Lösung sei in der Marktwirtschaft immer dann besonders erfolgreich, wenn nicht mit Verboten für einzelne Firmen gearbeitet wird. Vielmehr haben sie beschlossen, sozusagen ein Verbot für die gesamte Wirtschaft zu erlassen: Sie darf insgesamt einen bestimmten CO_2-Ausstoß nicht überschreiten. Innerhalb dieses »Gesamtverbots« wiederum wird ein Anreiz gesetzt: der Anreiz, Geld zu verdienen. Ob die Rechnung aufgeht, wird sich in einigen Jahren zeigen.

Regeln für die Wirtschaft sind nötig – aber welche und wie viele?

Dass eine Wirtschaft ohne Regeln in eine selbstzerstörerische Wolfsgesellschaft führt, bestreitet kaum jemand. Das gilt nicht nur beim Umgang mit der Umwelt, sondern vor allem beim Umgang mit Menschen. Beispiel Bauwirtschaft: Man kann es immer wieder in der Zeitung lesen, dass Bauunternehmer Stundenlöhne von vier Euro oder weniger zahlen. Es finden sich immer Leute aus Bulgarien, Rumänien oder auch aus Deutschland, die für einen solchen Hungerlohn arbeiten. Weil vier Euro in der Stunde für einen Bauarbeiter schlicht eine Schweinerei sind, und weil auf diese Weise Firmen in den Ruin getrieben werden, die ihre Mitarbeiter halbwegs ordentlich bezahlen, sind solche Billiglöhne verboten. Es gibt also gute Gründe, dass in der deutschen Bauwirtschaft Untergrenzen für den Lohn gesetzlich vorgeschrieben sind.

Neben der Bauwirtschaft gibt es auch in einigen anderen Bereichen Mindestlöhne, aber keineswegs in der gesamten Wirtschaft. Denn die verschiedenen politischen Parteien haben unterschiedliche Vorstellungen, in welchem Umfang das Instrument der Mindestlöhne eingesetzt werden sollte.

Auch anderswo gelten Eingriffe der Politik in die Wirtschaft als unvermeidlich. Beispiel Finanzwirtschaft: Seit der Finanzkrise, die im Jahr 2007 begann, haben Politiker auf der ganzen Welt beschlossen, den Banken müssten strengere Vorschriften gemacht werden. Es dürfe nicht sein, dass die Casino-Mentalität einiger superreicher Bankleute ganze Länder in die Krise stürzt, so die einhellige Meinung (siehe auch Kapitel 7). Dass die Behörden in mancherlei Hinsicht durchaus der Macht der Milliardäre etwas entgegensetzen können, hat sich auf dem Höhepunkt der Krise gezeigt. So waren sogenannte »Leerverkäufe«, bei denen besonders halsbrecherisch spekuliert wird, zeitweise verboten. Allerdings sind die Verbote wieder aufgehoben worden. Denn über die Frage, wie die Finanzbranche am besten in ihre Schranken gewiesen werden sollte, herrscht nicht im Mindesten Einigkeit unter den Politikern.

Was bedeuten könnte: Die Entscheider in Politik und Verwaltung brauchen wohl Hinweise von Bürgern und Wählern, in welche Richtung es gehen soll. Denn eine der wichtigsten Gegen-Mächte zur Macht in der Wirtschaft könnte die Macht der Politik sein. Und politisches Denken und Handeln sind in vielen Bereichen gefragt: Wie hoch sollen Steuern sein? Wie viel soll für Bildung ausgegeben werden? Wie viel für den Umweltschutz? Welche Rechte sollen Arbeitnehmer haben? Welche Pflichten? Und. Und. Und.

Möglichkeiten, sich politisch zu engagieren, gibt es ohne Ende: bei den verschiedenen politischen Parteien mit ihren Jugendverbänden. Bei Hunderten sogenannter Nichtregierungsorganisationen. Bei Gewerkschaften und ihren Jugendorganisationen. Bei kirchlichen Verbänden und ihren Jugendgruppen. Oder dort, wo die Fantasie einen hinträgt.

Alternativen-Check Modell »Politik greift ein«

Bilanz Erfolge/Misserfolge	Ansichtssache. Ist das Glas halb voll oder halb leer?
Kann die Sache überhaupt funktionieren?	Sie *muss* funktionieren.

Weitere Informationen im Internet:

Im Bundestag vertretene Parteien und ihre Jugendorganisationen (in alphabetischer Reihenfolge)

www.cdu.de

www.csu.de

www.junge-union.de

www.fdp.de

www.julis.de

www.gruene.de

www.gruene-jugend.de

www.die-linke.de

www.linksjugend.de

www.spd.de

www.jusos.de

Nichtregierungsorganisationen

(Es gibt Tausende davon – hier darum eine ganz kleine, völlig willkürliche Auswahl zum Stöbern. Einige bieten als Form der Mitarbeit auch Praktika an.)

www.attac.de

www.buko.info

www.bund.net

www.campact.de

www.einkaufsnetz.org

www.germanwatch.de

www.greenpeace.de

www.kritische-aktionaere.de

www.saubere-kleidung.de

www.weed-online.de

www.weltfriedensdienst.de

Gewerkschaften

Deutscher Gewerkschaftsbund und DGB-Jugend

www.dgb.de

www.dgb-jugend.de

Deutscher Beamtenbund und DBB-Jugend

www.dbb.de

www.dbbj.de

Christlicher Gewerkschaftsbund und CGB-Jugend

www.cgb.info

www.cgb.info/organisation/jugend.php

Siebter Versuch, es anders zu machen: Modell »Kopf einschalten«

Oder: Kann ICH die Welt retten?

Das Lied der *Ärzte* ist nicht ganz neu, aber der Refrain, den die (nach eigener Einschätzung) beste Band der Welt singt, ist eingängig: *Es ist nicht deine Schuld, dass die Welt ist, wie sie ist. Es wär nur deine Schuld, wenn sie so bleibt.*

Was der Texter Farin Urlaub von den *Ärzten* damit sagen will, scheint klar: Tu etwas, damit der Wahnsinn aufhört, der dir jeden Tag in die Augen springt. Bleibt die Frage: Was soll ich tun? Wo soll ich anfangen? Ist der Wahnsinn, der darin liegt, dass unsere Wirtschaftsordnung Menschen verhungern lässt, größer als der Wahnsinn, der darin liegt, dass unsere Wirtschaftsordnung die Umwelt ruiniert? Oder ist der Wahnsinn besonders groß, der darin liegt, dass Kriege geführt werden, um den Reichtum einiger weniger zu sichern? Tja.

Die *Ärzte* empfehlen: »Geh mal wieder auf die Straße, geh mal wieder demonstrieren.« Bleibt die Frage: Welche Demo? Und was ist nach der Demo? Weltrettung in den eigenen vier Wänden?

Es gibt inzwischen eine ganze Reihe von Büchern, die lange Checklisten anbieten, wie jeder Einzelne die Welt retten kann. Elektrogeräte nicht den ganzen Tag laufen zu lassen oder Sprit-sparen beim Autofahren ist da ein Tipp (es dürfte auf der Hand liegen, warum). Weniger Fleisch zu essen, ist ein anderer (für diejenigen, die es noch nicht wissen: Schlachttiere zu mästen ist wesentlich aufwendiger und daher umweltbelastender, als Pflanzen anzubauen). »Fair gehandelte« oder umweltfreundlich herge-stellte Lebensmittel zu kaufen, ist noch ein Tipp. In der Kirche zu bleiben, auch wenn man nicht fromm ist, wäre ein weiterer Tipp (weil die Kirchen zu den wenigen Organisationen gehören, die das soziale Netz in Deutschland zusammenhalten). Und so wei-ter. Und so fort.

Das geht alles in Ordnung. Ob man solche Checklisten über-haupt braucht, kann man allerdings bezweifeln. Denn es geht vor allem um eines: den Kopf einzuschalten. Dann kann sich je-der selbst seine Checkliste erstellen.

Mit eingeschaltetem Kopf wird schnell einiges klar: Ein T-Shirt, das drei Euro kostet, kann nicht unter menschenwürdigen Be-dingungen hergestellt sein. Also sollte man sich überlegen, ob man es kauft. Wer ein Minimum an Grips hat, wird auch sofort erkennen, dass es auf die Dauer nicht gut gehen kann, besin-nungslos Öl aus dem Boden zu pumpen und daraus Plastiktüten herzustellen, die am Ende im besten Fall als Qualm in der Atmo-sphäre landen, im schlechtesten Fall im Meer und im Magen eines Delfins. Felder und Plantagen in Gift zu ertränken, kann auch auf die Dauer nicht gut gehen. Man muss nicht sonderlich schlau sein, um das zu kapieren.

Es wird aber wohl nicht genügen, nur beim Autofahren oder

Einkaufen den Kopf einzuschalten. Wer über das Thema »Wie soll Wirtschaft aussehen?« weiterdenkt, wird auch merken: Es ist einfach nicht in Ordnung, wie Armut und Reichtum verteilt sind. Diese Feststellung hat nichts mit Neid zu tun. Wenn die Millionäre und Milliardäre dieser Welt gute Argumente hätten, um zu begründen, warum sie Millionen und Milliarden besitzen, dann müssten sie nicht immer abfällig von »Neid-Debatten« reden. Den Spruch vom »Neid« führen sie im Mund, weil sie nicht möchten, dass darüber geredet wird, wie das Geld verteilt ist. Denn sie wissen, dass auf diese Weise auch darüber geredet wird, wie Macht und Rechte verteilt sind.

Letztlich geht es also immer um eines. Die Frage zu stellen: »Wer hat wie viel Macht?« Macht über Menschen. Macht über die ganze Welt. Und: »Welches Recht hat er eigentlich, diese Macht auszuüben?«

Daran schließt sich die Frage an: »Was kann ich selbst tun, um nicht ohnmächtig – und damit rechtlos – zu sein?« Diese Frage muss jeder für sich selbst beantworten. Nicht machtlos zu bleiben, heißt für eine Politikstudentin etwas anderes als für einen Mechatronik-Azubi. Es heißt für jemanden, der an der Supermarktkasse oder in einer Kneipe jobbt, etwas anderes als für jemanden, der als Ingenieur Maschinen entwickelt. Es heißt für jemanden, der gar keine Arbeit hat, etwas anderes als für jemanden, dessen Arbeit darin besteht, Kinder großzuziehen.

Dieses Buch schließt also nicht mit einem Ende voller Lösungsrezepte. Sondern es schließt mit einer kleinen Aufforderung: das Buch selbst weiterzuschreiben. Lösungen zu suchen. Das kann mühsam sein. Es kann entnervend sein. Es kann aber auch Spaß machen. Also: Viel Spaß beim Suchen!

Alternativen-Check Modell »Kann ICH die Welt retten?«

Bilanz Erfolge / Misserfolge	Wäre die Welt nicht schon längst untergegangen, wenn es nicht Millionen oder gar Milliarden Weltretter gäbe?
Kann die Sache überhaupt funktionieren?	Bitte selbst ausfüllen: Aber natürlich, denn …

ON
OFF

Zum Schluss: Sieben Wege, sich weiter zu informieren

Drei Bücher:

Uns gehört die Welt – Macht und Machenschaften der Multis (Hanser)

Der Autor Klaus Werner Lobo zeigt Missstände der globalisierten Wirtschaft auf.

Die Weltreise einer Fleeceweste (Bloomsbury)

Der Untertitel sagt, was im Buch steht: »Eine kleine Geschichte über die große Globalisierung.« Eine spannende Geschichte.

Spiegel – Geschichte: Geld! (Spiegel-Verlag)

Ein Sonderheft des Hamburger Nachrichtenmagazins voller Erklärungen und Einsichten rund um Geld und Wirtschaft.

Drei Filme:

Let's make money (2009)

Der österreichische Filmemacher Erwin Wagenhofer zeigt die moderne Wirtschaftswelt schonungslos – aber alles andere als langweilig.
(www.letsmakemoney.at)

Schotter wie Heu (2003)

Nicht mehr ganz neu – aber es ist immer noch abwechselnd urkomisch und tiefsinnig, wenn Wiltrud Baier und Sigrun Köhler

in ihrem preisgekrönten Film zeigen, wie der frühere Chef von »Deutschlands kleinster Bank« den ganz anderen Umgang mit Geld gelebt hat.
(www.schotterwieheu.de)

Kapitalismus – eine Liebesgeschichte (2009)

Der amerikanische Filmemacher Michael Moore rechnet ab mit dem Kapitalismus nach US-amerikanischem Muster. Ironisch, unterhaltsam – und auch zum Englisch-Üben geeignet, da etwa die Hälfte des Films im Original mit Untertiteln ist.
(www.capitalismalovestory.com; www.kapitalismus-derfilm.de)

Und ein Comic:

Obelix GmbH & Co. KG (Ehapa)

In diesem Band aus der Asterix-Reihe stecken mehr Wahrheiten über unsere Wirtschaft als in manchem Lehrbuch, aber er ist wesentlich witziger. Und obwohl das Heft über 30 Jahre alt ist, bleibt es in vieler Hinsicht topaktuell.

Glossar

AG: → siehe Aktiengesellschaft.

Aktiengesellschaft (AG): Unternehmen, bei dem der Besitz in eine große Zahl von Einzelteilen gestückelt ist, die wiederum auf mehrere Eigentümer aufgeteilt sein können. Viele AGs lassen ihre Aktien an Börsen handeln, aber keineswegs alle. Einzelne Aktien werden oft zu sogenannten Aktienfonds zusammengefasst.

BIP: → siehe Bruttoinlandsprodukt.

Bonuszahlungen: zusätzliche Vergütungen, die vor allem Manager großer Firmen erhalten.

brutto: steht meist für Löhne vor dem Abzug von Steuern und Beiträgen zur Sozialversicherung.

Bruttoinlandsprodukt (BIP): Wert aller Waren und Dienstleistungen, die in einem Land in einem bestimmten Zeitraum erwirtschaftet werden.

CEO: → siehe Chief Executive Officer.

Chief Executive Officer (CEO): amerikanisch-englische Bezeichnung für den obersten Chef eines Großunternehmens, entspricht auf Deutsch dem Vorstandsvorsitzenden.

DAX: → siehe Deutscher Aktienindex.

Demografie: wissenschaftliche Beschreibung, wie sich Altersstruktur und Bevölkerungszahl verändern.

Derivat: ein von anderen Wertpapieren »abgeleitetes« Wertpapier – wird meist als Wette auf eine Kursentwicklung eingesetzt.

Deutscher Aktienindex (DAX): Auswahl der Wertpapiere der 30 wichtigsten deutschen → Aktiengesellschaften.

DGB: → siehe Gewerkschaft.

Dividende: Beteiligung am Gewinn einer Firma, die an die Anteilseigner ausgeschüttet wird.

Dritte Welt: nicht mehr ganz neue Bezeichnung für die armen Länder der Erde.

Genossenschaft: Rechtsform, bei der ein Unternehmen einer Gruppe von Menschen gehört, die gemeinsam ein bestimmtes wirtschaftliches Ziel verfolgen.

Gesellschaft mit beschränkter Haftung (GmbH): Rechtsform, bei der die Eigentümer einer Firma nur bis zu einer bestimmten Höhe das wirtschaftliche Risiko tragen.

Gewerkschaft: Zusammenschluss von Arbeitnehmern, um gemeinsam Interessen zu vertreten und → Tarifverträge über Arbeitsbedingungen und Bezahlung abzuschließen. Die größten Gewerkschaften in Deutschland sind ihrerseits in einem Dachverband zusammengeschlossen, dem Deutschen Gewerkschaftsbund (DGB).

Globalisierung: ein sehr allgemeiner Begriff für die Tatsache, dass der Austausch von Waren, Dienstleistungen und Informationen auf der Welt immer internationaler und immer intensiver wird.

GmbH: → siehe Gesellschaft mit beschränkter Haftung.

Grundsicherung: Begriff, der zum einen für Leistungen verwendet wird, die alte Menschen erhalten, wenn ihre Rente nicht ausreicht. Daneben wird der Begriff oft auch für die → Hartz IV-Leistungen verwendet.

Hartz IV: staatliche Leistung für Menschen, die arbeitsfähig sind, aber dauerhaft keine Arbeit finden.

Inflation: Geldentwertung.

Kapital: Unter diesem Begriff wird in der Regel zusammengefasst, was nötig ist, um wirtschaftlich tätig zu sein: seien es Maschinen, Anlagen oder auch Geld, mit dem man solches »Real-Kapital« kaufen kann. Im wirtschaftswissenschaftlichen Sprachgebrauch gibt es sehr spezielle Untergliederungen und Definitionen dazu.

Kapitalgesellschaft: Unternehmensform, bei der eine Firma nicht einer Person (oder auch mehreren Personen) direkt gehört, sondern das Eigentum über Anteile aufgeteilt ist, wie z. B. bei einer → Aktiengesellschaft oder einer → Gesellschaft mit beschränkter Haftung.

Kapitalismus: Wirtschafts- und Gesellschaftsform, in der hauptsächlich der Einsatz von → Kapital bestimmend ist. Ziel ist es, im Rahmen einer → Marktwirtschaft Erträge und Gewinne so weit wie möglich zu steigern. Das gelingt unter anderem durch Arbeitsteilung und fortlaufendes Steigern der → Produktivität.

Kartell: Zusammenschluss von Firmen oder auch Staaten, um durch Absprachen wirtschaftliche Vorteile zu erzielen. Oftmals sind entsprechende Vereinbarungen allerdings verboten, weil sie den Wettbewerb einschränken.

Kommunismus: Gesellschaftsform ohne Privateigentum und auf Macht begründete Herrschaft. Vor allem Karl Marx und Friedrich Engels haben beschrieben, wie ihrer Ansicht nach über den Sozialismus der Weg zum Kommunismus führen sollte.

Konjunktur: Begriff, der beschreibt, wie sich die Wirtschaftsleistung einer einzelnen Wirtschaftsbranche, eines Landes oder auch der ganzen Welt entwickelt.

Kredit: Überlassung von Geld oder Waren für eine bestimmte Zeit.

Marktwirtschaft: Wirtschaftsform, bei der die Preise von Waren und Dienstleistungen im Wesentlichen durch eine freie Entwicklung von Angebot und Nachfrage gebildet werden.

Mikrokredit: ein → Kredit über eine niedrige Summe, vor allem in Ländern der → Dritten Welt im Einsatz, oftmals auf der Grundidee der → Genossenschaft.

Monopol: Situation auf einem Markt, wenn nur ein Anbieter eine bestimmte Ware oder Dienstleistung im Angebot hat.

Nachhaltigkeit: In der Forstwirtschaft war damit ursprünglich eine Wirtschaftsform gemeint, in der einem Wald nur so viel Holz entnommen wird, wie nachwächst (im Gegensatz zum Kahlschlag). Heute ist damit in der gesamten Wirtschaft ein Verhalten gemeint, das eine weit in die Zukunft gerichtete Rücksicht auf Umwelt und auch Arbeitsbedingungen nimmt. Ziel ist es, dass sich dieses Verhalten beliebig lange fortsetzen lässt, ohne dass dadurch Probleme entstehen, die sich nicht mehr bewältigen lassen.

netto: Gegenteil von → brutto, also das, was (meist beim Lohn) nach Abzug z.B. von Steuern und Sozialversicherungsbeiträgen bleibt.

Patent: das Recht, eine Erfindung oder auch ein technisches Verfahren allein zu nutzen. Führt meist zu einem (zeitlich befristeten) → Monopol.

Planwirtschaft: Wirtschaftsform, in der eine zentrale Stelle (meist der Staat) festlegt, welche Waren produziert und welche Dienstleistungen angeboten werden sollen. Der Begriff hat durch seine Verwendung in Staaten, die damit den → Sozialismus und schließlich den → Kommunismus verwirklichen wollten, einen denkbar schlechten Ruf bekommen.

Produktivität: Aufwand, der betrieben werden muss, um eine bestimmte Einheit einer Ware oder Dienstleistung herzustellen.

Regionalgeld: oftmals über → Genossenschaften organisiertes Zahlungsmittel, mit dem Geld in der jeweiligen Region gehalten werden soll, um dort – ohne Streben nach Zinsgewinnen – die Wirtschaft zu stärken.

Rendite: Ertrag, den eine bestimmte Anlageform abwirft, ausgedrückt in einer Prozentzahl.

Rezession: Abschwung der → Konjunktur, bei dem das → Bruttoinlandsprodukt mindestens zwei Vierteljahre nacheinander schrumpft.

SE: → siehe Societas Europaea.

Societas Europaea (SE): Rechtsform ähnlich wie die → Aktiengesellschaft, allerdings mit einem länderübergreifenden Geltungsbereich innerhalb Europas.

Sozialismus: Ursprünglich war damit vor allem eine Wirtschaftsform gemeint, in der das Privateigentum weitgehend abgeschafft ist, um so den Weg zum → Kommunismus einzuschlagen. Der Begriff wird aber oft auch für alle möglichen anderen Maßnahmen verwendet, die den freien Markt einschränken sollen.

Spekulation: das Erzielen von Gewinnen ausschließlich durch Preisveränderungen, z.B. von Aktien, Rohstoffen oder auch Währungen.

Staatsquote: Anteil an der gesamten Wirtschaftsleistung, der auf staatliche Stellen oder Sozialversicherungen entfällt.

Streik: gemeinsame Verweigerung von Leistungen, um bestimmte Forderungen durchzusetzen. Üblicherweise von → Gewerkschaften organisiert. Wird aber auch in anderen Zusammenhängen verwendet: z. B. Milchstreik von Bauern, Bildungsstreik von Studenten.

Tarifvertrag: zwischen → Gewerkschaften und Arbeitgebern (bzw. deren Verbänden) geschlossene Verträge über Arbeitsbedingungen und Bezahlung.

Tauschring: Zusammenschluss von Menschen, die Waren oder Dienstleistungen austauschen, ohne dabei Geld zwischenzuschalten.

Überschuldung: Zustand, in dem eine Person (oder auch ein Staat) so hohe Schulden hat, dass er sie nicht mehr zurückzahlen und auch die → Zinsen nicht mehr komplett aufbringen kann.

Umsatz: Summe aller Einnahmen durch den Verkauf von Waren oder Dienstleistungen.

Vorstand: oberste Führungsebene von Großunternehmen.

Zins: Entgelt für die Überlassung von Geld oder auch Gütern.

Register

Danke

an Ulrich Pöppl, Thomas Gaube und Uwe-Michael Gutzschhahn
für ihre kritischen Kommentare zu diesem Buch – mit denen sie
selbstverständlich keinerlei Mitverantwortung für die Inhalte
übernehmen.

Zu Autor und Zeichner

Nikolaus Nützel wurde 1967 in Rothenburg ob der Tauber geboren. Nach einer Ausbildung an einem Fremdspracheninstitut absolvierte er die Deutsche Journalistenschule in München. Zeitgleich studierte er Journalistik und Romanische Sprachwissenschaft. Seit 1995 arbeitet Nikolaus Nützel als freier Journalist für den Bayerischen Rundfunk in der Redaktion Wirtschaft/Sozialpolitik sowie für verschiedene andere Medien. Für seine journalistische Tätigkeit hat er mehrere Auszeichnungen erhalten. Sein Jugendbuch »Sprache oder Was den Mensch zum Menschen macht« wurde 2008 für den Deutschen Jugendliteraturpreis nominiert und hat die Auszeichnung »Bestes Junior-Wissensbuch« des österreichischen Wissenschaftsministeriums erhalten. Nikolaus Nützel lebt mit seiner Familie in München.

Felix Görmann alias Flix lebt in Berlin, wo er als freier Illustrator und Comic-Zeichner arbeitet. Auf seiner Webseite www.der-flix.de führt er seit 2006 das Comictagebuch »Heldentage«. Seine Zeitungsserien »Da war mal was …« (Tagesspiegel) und »Faust – Der Tragödie erster Teil« (F.A.Z.) liegen bereits als Buchausgaben vor. Flix wurde für seine Arbeiten u.a. mit dem Max-und-Moritz-Preis 2004 und dem PENG-Preis ausgezeichnet.

cbj ist der Kinder- und Jugendbuchverlag
in der Verlagsgruppe Random House

© **Mix**
Produktgruppe aus vorbildlich
bewirtschafteten Wäldern, kontrollierten
Herkünften und Recyclingholz oder -fasern
www.fsc.org   Zert.-Nr. SW-COC-003532
© 1996 Forest Stewardship Council

Verlagsgruppe Random House FSC-DEU-0100
Das für dieses Buch verwendete FSC-zertifizierte Papier
Zanto liefert m-real Zanders, Bergisch-Gladbach

Gesetzt nach den Regeln der Rechtschreibreform
1. Auflage 2010
© 2010 cbj, München
Alle Rechte vorbehalten
Vermittelt durch die Literatur- und Medienagentur Ulrich Pöppl, München
Lektorat: Uwe-Michael Gutzschhahn
Einbandgestaltung: bürosüd; München
unter Verwendung einer Zeichnung von Flix
Innenillustrationen: Flix
AW · Herstellung: AnG
Satz: KompetenzCenter, Mönchengladbach
Reproduktion: Lorenz & Zeller, Inning am Ammersee
Druck: Finidr, s.r.o., Český Těšín
ISBN 978-3-570-13846-5
Printed in the Czech Republic

www.cbj-verlag.de

Nikolaus Nützel
Sprache
oder
Was den Mensch zum Menschen macht

240 Seiten, ISBN 978-3-570-13027-8

Gab es eine Ursprache wie im Turmbau zu Babel behauptet?
Ist Jugendsprache eine eigene Sprache? Wie entziffert man Geheimschriften
und wie clever sind Sprachcomputer?
Anhand spannender Leitfragen präsentiert Nikolaus Nützel Interessantes
und Verblüffendes rund um das vielfältige Thema Sprache.

www.cbj-verlag.de